那些年，那些钱

探索钱币收藏与经营的成功之路

吴宗键 著

浙江工商大学出版社 ZHEJIANG GONGSHANG UNIVERSITY PRESS | 杭州

图书在版编目（CIP）数据

那些年，那些钱：探索钱币收藏与经营的成功之路 /
吴宗键著 . — 杭州：浙江工商大学出版社 , 2021.1（2021.9重印）
ISBN 978-7-5178-4264-4

Ⅰ.①那… Ⅱ.①吴… Ⅲ.①古钱（考古）—中国—通
俗读物 Ⅳ.① K875.6–49

中国版本图书馆 CIP 数据核字（2021）第 018780 号

那些年，那些钱——探索钱币收藏与经营的成功之路

NA XIE NIAN，NA XIE QIAN

TANSUO QIANBI SHOUCANG YU JINGYING DE CHENGGONG ZHI LU

吴宗键 著

策划编辑　俞　闻
责任编辑　张晶晶　王　耀
封面设计　杭州墨工堂文化艺术策划有限公司
责任印制　包建辉
出版发行　浙江工商大学出版社
　　　　　（杭州市教工路 198 号　邮政编码 310012）
　　　　　（E-mail：zjgsupress@163.com）
　　　　　（网址：http：//www.zjgsupress.com）
　　　　　电话：0571-88904980，88831806（传真）
排　　版　林朦朦
印　　刷　杭州高腾印务有限公司
开　　本　710mm×1000mm　1/16
印　　张　16.75
字　　数　250 千
版 印 次　2021 年 1 月第 1 版 2021 年 9 月第 2 次印刷
书　　号　ISBN 978-7-5178-4264-4
定　　价　98.00 元

序 "宗宗"泉声润心田

　　"泉"自古以来，就是钱币的代称。

　　钱币收藏研究，一直方兴未艾。

　　我和泉友吴宗键先生（笔名十泉十美）已认识多年，从相遇、相识到相知，都缘于对钱币收藏的挚爱情怀。宗键兄出身于杭州的古钱币收藏世家，从小受祖父与父母亲的影响，酷爱古钱和历史知识，上手过无数古钱币，在长辈们的身传言教下，练就一双好眼力，闲暇时喜欢去杭州二百大民间收藏品市场淘宝、会友。多年来，他收藏了许多历代钱币，其中不乏稀少品种，并举办过个人钱币藏品展。近十多年来，他在工作之余潜心泉学研究和写作，陆续在《中国收藏》《中国钱币界》《浙江钱币》等刊物和钱币圈公众号发表钱币收藏类文章百余篇。"浙江泉友会"微信公众号专门推出《宗宗泉声》栏目，刊登其文章与广大泉友交流。

　　此次，他把平时创作的文章汇成《那些年，那些钱》一书，这是他对钱币收藏的认知与感悟，对钱币理论的探究与思考，也是他们祖孙三代薪火相传，匠心收藏和坚守的初心。这种传承弘扬祖国钱币文化，孜孜不倦的精神境界，着实令人敬佩。

　　浙江的钱币收藏，源远流长，人脉丰盈，高峰迭起，文化灿烂，孕育了戴葆庭、马定祥、陈达农、戴志强等钱币收藏大师和著名钱币学家，留下了钱币学理论研究的大量著作。作为钱币收藏的后继者，在浙江这片丰沃的钱币文化土壤里，传承文脉，弘扬文化，是我们的共同责任和使命。我相信会有更多像吴宗键先生那样的泉友，怀着对钱币收藏的执着与真爱，把自己的收藏故事和钱学成果，与大家一起分享，共同营造学术研究和文化收藏的良好氛围，为夯实钱币收藏的文化自信而尽心尽力。我和浙江泉友会各位同人十分愿意为之共同努力。

吴宗键先生雅量多才，深谙泉识。在此，诚祝他的作品《那些年，那些钱》出版成功。

浙江省收藏协会泉友会会长
绍兴市戴葆庭钱币文化博物馆馆长

2020 年 10 月

前　言

吾本吃人，梦泉为生。

从小，我受祖父和父亲影响，喜欢收藏钱币，更喜欢钱币背后那些精彩的历史和有趣的收藏故事。在拥有第一枚钱币的 20 多年之后，我开始动笔，陆续写下一些有关钱币知识和收藏经历的文字，写给我自己，也写给所有喜爱钱币的朋友。

古往今来，有不少中外名人与钱币结下不解之缘。科学巨匠艾萨克·牛顿（Issac Newton）先生，曾任英国皇家铸币厂主管，他对钱币有着独到见解，是金本位货币制度奠基者；一代文豪鲁迅先生喜好收藏历代古钱，并参与了民国十二年（1923）龙凤银币的图案设计；金融寡头罗斯柴尔德家族，也曾当过泉商，并成功收获第一桶金。诸如这样的例子，不胜枚举。

"旧时王谢堂前燕，飞入寻常百姓家。"昔日，历代钱币只是古玩艺术收藏品中不起眼的小门类，如今却一跃成为热门品种，其魅力有目共睹，某些钱币甚至能与瓷器、玉器、字画、青铜器等收藏品相媲美。于是，在提振文化自信的新时代，越来越多的朋友走入钱币收藏爱好者（泉友）的行列，这对于我们来说，无疑是惊喜和庆幸之事。

《那些年，那些钱》是我写的第一本有关钱币收藏的书，它既是收藏类文章，又蕴含文学色彩，由近年来写的百余篇稿子中精选部分内容汇成，分为"回忆篇、泉识篇、励志篇"三部分，融钱币知识、收藏故事。人生感悟于一体，书中的故事有些是属于泉友的，有些是我自己的，人物大都有原型，但不少用的是化名，不必对号入座。所用的钱币配图，既有大珍名品，又有普通钱币，追求一种大众亲和力。

从海贝到古钱，从花粉到美元，钱币的世界，浩瀚而神奇，其魅力与价值是无穷的。漫漫藏泉路，相信每一位泉友，都有自己的收藏故事和心路历程。这本小书的诞生，是一个开端，也是一种新尝试，希望它能吸引更多朋友关注钱币知识、了解收藏文化。

　　"泉海无涯，乐在其中"，作为一名泉痴，在工作之余，我经常玩钱币、写稿子，有时甚至彻夜不眠。大家的支持和鼓励，是我写作的最大动力，让我们通过《那些年，那些钱》，一起来收藏钱币，讲述故事，传承文化，分享快乐。

　　本书在编写过程中，得到有关领导、专家和广大泉友的关心与支持，在此表示由衷谢意。

　　鉴于鄙人琐事繁忙、泉识有限，书中疏漏之处在所难免，敬请各位师友、读者们指正。

　　不胜感激。

吴宗键

2020 年 4 月

目　录

1

● **第三章　励志篇**

3

（第一章）

回忆篇

　　钱币收藏，在广大泉友心中，仿佛是阳光，是空气，是水，是生命里不可或缺的元素。我们为之痴迷，为之疯狂，为之废寝忘食，为之肝肠寸断。

　　回忆，是一种自我修行。

　　漫漫玩泉路上，几乎每位泉友都有属于自己的经历，无论欣喜或彷徨、伤感或遗憾，当蓦然回首时，你会发现，它们早已化作回忆，融入灵魂与血肉，默默陪伴成长，点亮你的泉途。

写给那个逝去的藏泉年代

我们每个人一生中,都往往有一段难以忘怀的岁月,那里蕴含着你最深、最真的情怀。而我的情怀,来自那个特别的年代。

那是 20 世纪八九十年代,随着改革开放的深入,我的故乡杭州,正经历着一场大变化。旧城改造、大运河治理、西湖疏浚清淤等一系列工程,都在紧张进行中。与此同时,从城墙下、运河里、西湖中发现了无数历代古物件,如瓷片、铜器、杂件、古钱币等,其数量之巨大、种类之繁多,堪称杭州有史以来之最。而当时我还在读小学。

记得那时的杭州城,车辆不拥堵,西湖边人少,生活节奏也很慢。我和同学每天步行去上学,半路上时常会遇见一些地摊,摆放着一些碎瓷片或是几串古钱,它们有的是旧城改造出土的,有的是河里或湖里打捞上来的,民工模样的摊主在叫卖着,这引起了我们的好奇。

在各类古物中,最吸引我们的,就是历朝历代的古钱币。记得我最初买到的处女藏品,是北宋徽宗的大观通宝(图 1),它的秀美文字、斑驳锈迹与千百年沧桑气息,对我产生了巨大魔力。端详它时,我仿佛穿越了时空,在与古人对话。从此,我与几名同窗好友一起,走上了收藏古泉之路。

每到周末,我们便相约去岳王路花鸟市场、鼓楼城墙、运河埠头等处淘宝。那些地方人头攒动,到处是地摊,古钱币一堆堆摆放

图 1 大观通宝

着,少则几斤,多则数十斤,甚至上百斤。当时,西汉王莽货布才卖 8 元钱,明朝大天启才 15 元,连金国泰和重宝也只要 50 多元。而单价卖到 100 元以上的钱币,如今价格都已上涨到几万、十几万,甚至上百万元了。当年的钱币集市,男女老少都有参与其中,场面热闹,至今让我们记忆深刻。

虽说当时古钱价格便宜,然而,对于只有几元甚至几角零用钱的我们来说,已经是高价了。于是,我们把买漫画书、吃棒冰的钱,几乎全部省下来,用来买古钱币。

比如我,先把普通北宋钱、清朝钱收集完整,之后便一发不可收拾,沉浸在古泉世界中,无法自拔。到了中学

图 2 三字刀
（齐法化刀币）

时代,我曾经为了买一把三字刀(图 2),吃了两个月泡饭;曾为集齐一整套南宋钱币(图 3),找遍数万枚古钱。我也曾经为淘到一枚靖康通宝,发疯似的买下 100 多斤宋钱。每当期盼的古泉到手,我们往往兴奋不已,爱不释手地把玩,身心有一种奇特

图 3 南宋钱币

的满足感,觉得人生有此,别无他求。

路漫漫其修远兮,吾将上下而求索。那时候的天,总是那样的蓝,日子过得那样悠长,我们年少的心,总是充满着对古泉的狂热。小泉友们彼此之间,时常交流心得、欣赏藏品,总有看不完的古泉,聊不完的话题。如今,这一切都成为珍贵的人生记忆。

在收藏古泉之路上,我有幸结识了几位老藏家,能得到他们的指引与教诲,甚为感激。同时,他们收藏钱币的毅力和情怀,让我肃然起敬。后来,杭州成立了钱币学会,钱币成为中国第二大收藏品种,泉友的人数更多了。

那时的我们,虽只是学生,但对古泉的追求却是狂热的。我们买古

钱币，只是出于对祖国悠久历史的热爱，是发自内心真正的喜欢，根本没有用古钱投资赚钱的概念。我们追寻的，是一种纯粹的快乐。

钱币收藏之路，总是充满坎坷，一路走来，其中的艰辛，只有我们自己知道。初出茅庐时，我们买过假货，交过学费，被人捡漏，好几次错过珍品、孤品（比如我曾错过两把六字刀），也曾在闯荡江湖中遭遇过风险。从中耗费的时间、精力和财力，巨大得已经无法计算。

由于常年购买古钱币，又通常只买进不出手，我们平时的生活，变得十分拮据，甚至舍不得买新衣服或上高档餐厅吃饭，也曾几度想过放弃，但最终还是坚持了下来。

一晃20多年过去，昔日的同学少年，如今也已年过不惑。我们从当初的白手起家，到如今拥有上至先秦，下至宋元明清的不少古钱藏品，也包括一些民国时期的铜圆与银圆，逐渐从小玩家变成了老藏家。茫茫泉海，我们乐在其中，每当茶余饭后，取出古泉藏品，翻看品味，除赏心悦目之外，又好似穿越过千年时空，感受到历史对心灵的震撼。

21世纪以来，钱币收藏始终较热，随着市场日益繁荣，古钱币价格自然也水涨船高。许多以前的普通古钱，现在也已供不应求。比如，以前几元钱就能买到的雍正通宝，现在也要数百元甚至上千元。

钱币收藏大军与日俱增，而一线货源匮乏，捡漏更是成了白日梦，这导致现在许多泉友，只能在夹缝中玩收藏。相比那些"85后""90后""00后"的年轻泉友，我们这些"老头儿"是幸运的，因为遇上了货源丰盈、价格实惠的好年代。后来我们才知道，那段岁月，被称为中国史上第四次钱币收藏热潮期（第一、二、三次热潮期分别为清代乾隆嘉庆年间、20世纪初期、20世纪三四十年代），这真是一段令人激动和感慨万分的岁月。

时光流转，逝去多少往事，疏远多少故人。虽然记忆中的那个年代，如今也逝去了，但我们却不曾忘却，她必将成为珍藏在内心的永恒情怀。

重点中学门口摆地摊的钱币大师

　　在收藏钱币的漫长之路上，很多泉友都会遇到自己的启蒙老师。比如，泉友小淳的老师，就源自一次偶然邂逅：

　　那是20世纪90年代，我就读于杭州学军中学。那时，我成绩平平，却唯独对历史情有所钟。

　　记得每节历史课，我都听得格外认真，看着历史课本里的刀币、铲币、蚁鼻钱、秦半两等各种古钱币，心中很是神往。然而，此时我对古钱币的认知，还处于懵懂阶段。直到有一天，我遇到了梁老先生。

　　那是某个星期六下午，我上完课，和同学一起走出校门，想买点吃的填肚子。周末校门口时常会有一些小摊，卖煎饼、洋糖糕、油墩儿之类的小吃。我正想买个油墩儿充饥，却发现旁边竟然有个古钱币地摊。

　　我好奇地走过去，摊主是位老者，年过六旬，头发花白，身形较高，穿着朴素，面目慈祥，面前摆放着几本钱币册和若干零散古钱，他只是静静地坐着，也不叫卖吆喝，被挤在众多小吃摊当中，显得格格不入。

　　我蹲下身子，翻看他的钱币册，突然眼前一亮。

　　"咦，这不是鬼脸钱（图1）吗?"

　　关于鬼脸钱，我只在历史课本上见过，它是战国楚国的铜铸币，古怪的造型、神奇的文字，让我记忆深刻。如今能一睹真容，实在惊喜。心想：这么稀罕的东西，

图1 鬼脸钱

一定很贵吧。

"这个卖多少?"我没底气地问道。

"3 元钱,保真。"老者的回答毫不含糊。

"这么便宜!"我动心了,迫不及待从口袋里掏出钱,买下了它。我心想:"省下买油墩儿的钱,换来几千年前的古币。真是太值了。"

接着,我又在他这里,淘到了金国正隆元宝和大定通宝(图 2),价格都挺实在,每枚只卖 1 元。这次算是收获满满了。

图 2 大定通宝

老者说:"小伙子,我姓梁,古钱币的知识很丰富,你们年轻人要好好学,我把摊位摆在这里,就是这个原因。"

我向梁老先生连声道谢。这是我第一次在重点中学校门口发现钱币地摊并买到钱币。

之后,我在梁老那里,又买了好几次古钱币,每次都有新收获,心里美滋滋的,也曾带同学一起去买过。每回放学,我都希望梁老能在校门口摆摊。

但过了些日子,城管查得严,校门口小摊纷纷消失。梁老的钱币摊,自然也不见了踪影。在那个没有手机,更没有微信的年代,想再遇见,只能碰运气了。

也许是缘分吧,一个秋风萧瑟的下午,在学校附近的求智巷,我又见到了梁老,原来他把摊位转移到了小巷里。他见我这样痴迷古泉,热情地说:"小伙子,你有什么钱币,尽管拿来,我免费帮你讲解、鉴定。"

我听了很欣喜,第二天就挑了一些古钱币(图 3),去小巷里找他。刚想拿出来,梁老却说:"你不用给我看钱币正面,只让我看背面,我

图 3 古钱币背图

就能知道是什么钱币，哪个品种。你看我猜得对不对。要是猜错的话，我送给你钱币。"

我心想："这老头一定是在吹牛。钱币背后有的没有一个字，怎么可能猜出来？"

但出乎意料的是，梁老竟然猜对了我所有的钱币，20 多枚，无一出错。

"小淳，你这几枚钱币里，背面穿孔小的是开元，穿孔大的是五铢，外廓狭窄的是大观，外廓宽的是崇祯，没有轮廓的是半两。我说得对吗？"他一边看钱币，一边逐一告诉我。

我顿时傻眼了，梁老这样的眼力、这样的水平，简直惊为天人。

接着，我拿出背上铸有"十六"的一枚钱币，问他："这枚钱币，应该是十六国时期的吧？"

"不对，这是南宋孝宗的淳熙元宝折二钱，背上的十六（图 4）

图 4 淳熙元宝背"十六"

表示纪年，此乃南宋钱币的一大特点，并不是十六国的意思。"梁老解释道。

那时我对钱币，有一种想当然的误解，比如认为背五的钱币，就是五代十国的；那么背十六的，自然就是十六国的了。听了他的话，我才恍然大悟。

我不甘示弱，又拿出一枚烧饼大小的太平天国圣宝大钱，这是花15元钱在地摊上买的，书上一查是大珍品，我心里一直得意着呢，所以想炫耀一下。不料，梁老一瞧这钱，便笑了："这是一枚近期的仿品，是翻砂铸造的，你看，上面有不少砂眼，字体也显得生硬、呆板。真品太平天国圣宝镇库大钱，存世极少。"我这才知道自己买了赝品，上当受骗了，却还在梁老面前班门弄斧，心里很是惭愧。

"玩钱币收藏，靠的是眼力，你过手的钱币越多，你的眼力就越高，眼力是一把刀，捡漏靠的是它，打眼也是它。"梁老向我传授着心得，他及时纠正我的幼稚与无知，成为我钱币收藏方面的启蒙老师。之后，我便时常请教他，还有幸一睹他的钱币藏品。

梁老独居，无儿无女，居室不过30多平方米，墙壁用旧报纸糊着，一张破旧写字台上放着14寸的旧电视机，很是寒酸。可是，当他从简陋木柜里，拿出20多年省吃俭用、呕心沥血收藏的数千枚古钱币时，我不由得肃然起敬，这是何等的毅力和情怀。梁老一边给我欣赏藏品，一边还念念有词：

> 问君古泉爱几许？
> 外圆内方情相依。
> 三孔布，六字刀，
> 龙凤、靖康、徐天启。
> 大半两，金五铢，
> 太平天国镇库钱。
> 至正钞，清祺祥，
> 雕母、钱牌、金银币。
> 天下珍品不胜数，
> 悠悠华夏觅踪迹。

我听得入神，也许梁老先生的那种收藏境界，当时年少的我，还无法理解。他的收藏虽无大珍之品，但正是他，指引我走上古泉收藏之路，使我从一个门外汉到如今小有成绩。梁老虽然只是启蒙老师，也无多少珍品，但在我心中，他一直是钱币收藏大师级别的人物，有着无法替代的地位。

转眼 20 多年流逝，梁老早已驾鹤而去，往事依稀，物是人非，伶仃的小巷，醉人的记忆。今天，又是一个秋风萧瑟的下午，我独自走在求智巷，这条小巷已修整一新，却再也寻不到钱币摊和梁老的身影，走着走着，我的耳畔又隐隐传来他的诵念：问君古泉爱几许？……龙凤、靖康、徐天启……

那些年，我们一起追过的钱币

今天你是否会想起，以前追过的钱币？现在你是否还惦记，年少时追梦的你？

一

泉友古小胖，虽已年过不惑，但每当他把玩心仪的至正通宝背"壹两重"大钱时，却依然思绪万千。

说起此钱的由来，颇有意思。

那是 20 世纪 80 年代，小胖还在念书，家住杭州拱宸桥一带，附近的浙江麻纺织厂北面还有一座小桥，名叫瓦桥头。

当时，由于桥面太陡峭，相关部门就请来民工，将桥顶的石板挖掉一些。没想到，民工竟然挖出元代至正通宝背"两重"大钱 9 枚，可惜不知道它们价值，都当作废铜卖给收购站，换作了午餐费。

小胖自幼酷爱古泉，他从街坊邻居口中得知此事，知道这是难得机遇，哪里肯放过，急忙一路小跑，气喘吁吁地赶到收购站，一问工作人员，才知道钱币已被处理掉了，自己晚来一步，很是惋惜。

至正通宝（图1），是元顺帝铸行的钱币，也是元朝最后一种铸币，其钱文俊美，品类繁多，是代表性钱币之一。元朝以纸币为主，铜

图 1 至正通宝

钱本来就少，而背"壹两重"大钱（图2）属于至正通宝中的名誉品种，铸量更加稀少，这次能一次发现九枚（在古代"九"是个吉数），大概是古人用作"镇桥之宝"，埋入下面的。

图 2　至正通宝背"壹两重"大钱

拱宸桥一带历史悠久，自元朝以来，属杭州城北面边境，可能是驻军之地。平日有空，小胖时常去淘宝。正值杭州旧城改造期，大运河一带，常因施工挖出一些古物件。

不久前，小胖曾在一民工手中，收到过一枚至正大钱，当时背面淤泥很重，看不清文字。

"莫非是大至正'壹两重'？"小胖满怀憧憬，揣着宝贝钱币，拿回家清理。结果，泥土倒是挖掉了，背面却没有"壹两重"字样，只是一枚普通的至正通宝折十钱，而且还有个大洞，想必是年深日久，钱体被腐蚀了。

好不容易到手的宝贝，却并不值钱，还是个残疾，小胖的心顿时凉了一大截。

如今，终于发现了"壹两重"大钱，小胖却有缘无分，他不禁连声叹气。

"看来，我只能拿着这枚有洞大至正，抱残守缺了。"小胖遗憾地自言自语，难以入睡。

或许，老天被小胖追寻钱币的诚意所打动，过了两天，事情竟有了转机，有一位阿姨来找小胖。

原来，阿姨在收购站工作，至正大钱被挖那天，看见民工将钱币送到收购站，她知道这是古代钱币，是不可再生的，全都销毁了可惜，便问收购站买下了两枚。后来，得知住在附近的古小胖非常喜爱古钱币，便找到他，并以较低的价格，惠让给了他一枚。

这对小胖来说，简直是喜从天降，他一看这枚大钱，属典型江南水坑，品相完好，色泽暗红，背穿上蒙文"十"，穿下汉文"壹两重"，字口清晰，几乎无流通痕迹。可谓是难得珍泉。

小胖爱不释手,连声向阿姨道谢。

二

江南同里古镇,颇具历史韵味。

10多年前的某天,细雨飘飞,使古镇更平添几分诗意。"80后"泉友小陈正沿着深邃的长廊走着,忽然听到叫声。

"铜钿要不啦?(铜钱要不要啊?)"只见,一位白发老奶奶面前摆着几串古币,操着浓重乡音,正叫卖着。

"这里也有古钱卖?"小陈很惊喜,他蹲下身,查看钱币,都是些普通小平钱,不免有些失望。

奶奶见他不买,便又从兜里掏出一些大钱。

他一瞧,是10来枚咸丰重宝当十,也都属常见品,并不值钱。但他发现,夹杂在这中间,竟有一枚乾隆通宝大钱。

乾隆通宝是乾隆时期的铸币,乾隆皇帝在位60年,创造出封建王朝最后一个盛世,并铸行了数量巨大、品种繁多、版别复杂的乾隆通宝,但大多数为小钱,大型者实属凤毛麟角。

小陈眼前一亮,这钱包浆纯正、钱体浑厚、文字犀利,不像是仿品,感觉是枚开炉大钱(图3)。对于乾隆大钱,他只在钱谱上看到过,如今第一次见到这么大的乾隆通宝,心里有些没底。

"什么价?"他问。

"2500元,不还价。"老奶奶瘪着嘴巴说。

小陈取出随身带的放大镜,仔细查看,发现大乾隆边上有磕,穿口

图3 乾隆通宝

还有一道牛毛裂。他心里便有了疙瘩。

"这钱有裂，价格又高，还是不买吧。"小陈思忖着。

回到家，小陈尽管对那枚大乾隆还是很眷念，但一向追求古泉品相完美的他，心里始终过不了"穿口有裂"这个坎。

过了几天，他拜访一位熟识的老藏家，谈及此事。

"既是古泉珍品，有点瑕疵又何妨？"老藏家说。

这句话，真是一语惊醒梦中人。小陈幡然醒悟，翌日，他马不停蹄地赶到古镇，想买回乾隆大钱。

结果，老奶奶还在，钱币摊也在，其他钱币也都在，却唯独少了那枚大乾隆。

小陈急忙问老奶奶大乾隆的去向。

"卖掉了，就在昨天，一个戴眼镜年轻人买走的。"老奶奶说道。

小陈感到一阵眩晕。

后来，小陈曾无数次地梦见那枚大乾隆，但无论他如何后悔，如何梦里寻它千百次，都再也没遇到过它。

有时候，一次错过，便成了永别。

三

俗话说："北有潘家园，南有二百大。"作为收藏爱好者的乐土，杭州二百大民间收藏品市场一直名声在外，浙江省收藏协会钱币委

图 3 杭州民间收藏品市场

员会也设在此处。泉友永哥,每逢星期六,无论刮风下雨,都会去杭州二百大民间收藏品市场淘宝(图3)。

2000年深秋,一个星期六清晨,市场来了一位外地人,手里揣着几枚钱币想售卖,这人来到某老藏家开的店门口,刚好永哥也在。

老藏家看了外地卖家的钱币,大多是普通钱,但其中有一枚万历通宝,背面有个"户"字,就问:"这枚50元,怎么样?"

卖主不懂钱币,见老藏家出价不低,就打算卖给他。

一旁的永哥,这下急了,眼尖的他,也看到了这枚万历背户,知道是稀少品种,况且此钱品相成色俱佳,一流江南账钩味,正是自己梦寐以求的。

万历通宝(图4)是明朝神宗皇帝朱翊钧时的钱币,以小平钱为多见,有些钱背可见星、月纹,或有"工、天、公、正、江、厘"等字,可谓品种版式繁多。

图4 万历通宝

"好一枚可遇不可求的古泉,我不能错过,一定要得到它。"永哥急忙对卖家叫道:"等等,师傅,我出100,卖给我吧。"

老藏家一愣,惊讶于这位年轻人的勇气和胆量,结果,永哥如愿以偿,买到了这枚钱。

有趣的是,正所谓"不打不相识",永哥与那位老藏家的这场"钱币之争",不但没使两人成为冤家,反而惺惺相惜、彼此欣赏,时常交流钱币,逐渐变成忘年交。

一转眼,近20年光阴流逝,古泉价格早已今非昔比,当年的100元,如今已经价值上万元。永哥一次果断决定,赢得了如今让大家羡慕不已的藏品。

相信许多朋友,都曾有过相似经历。那些年追过的钱币,有的追到了,是你的泉缘;有的没追到,也是天意,不必强求。无论你是泉缘满满,还是与钱币失之交臂,它都成为你人生路上,值得回忆的一段宝贵经历,将陪伴你一生。

一枚龙凤通宝的前世今生

大家好，我的名字叫龙凤通宝，是一枚铜钱，圆形方孔，出生于元朝末年，算起来，我今年有 600 多岁了。

如今，我每天安静地躺在省钱币博物馆的陈列窗内，总有些参观者，在我面前驻足，凝视着我，若有所思，又依依不舍地离去。

数百年岁月，也只是弹指一挥间。还记得我诞生那年，是元朝至正十五年（1355），红巾军领袖韩林儿，在刘福通的扶持下登基为帝，自称小明王，以亳州（今安徽亳州）为都，国号大宋，年号龙凤，并铸龙凤通宝钱，分小平钱、折二钱、折三钱三种（图 1）。

图 1 龙凤通宝

于是，我就这样应运而生了。我是枚折二钱，直径 28.5mm，虽生于乱世，但我的颜值却很高，不仅铜赤如金、铸工精良，而且钱体浑朴，文字遒劲优美，是典型的美泉。平时，老百姓们也都很喜欢使用我们。

历史总是风云突变，没过几年，韩林儿便溺水身亡，朱元璋掌权后，铸造了新钱币大中通宝，作为法定货币流通使用，我们龙凤通宝，被回收销熔。就这样，我的无数伙伴，被投入熔炉牺牲。我痛哭流涕，又日夜担惊受怕，知道自己的末日也不远了。

然而幸运的是，我被一名姓宋的秀才私藏起来，死里逃生。我想，他之所以这样做，可能是出于对大宋政权的怀念和对龙凤通宝的感情吧。我很感激他的救命之恩。

但好景不长，宋秀才是白莲教的成员，白莲教是韩林儿父亲韩山童的组织，朱元璋上台后，就把它定为非法组织，并下令清理、抓捕其成员。秀才对已故旧主忠心耿耿，不愿背叛白莲教。他知道自身难保，临死之时，把我和几枚前朝旧钱，以及红巾军的会旗、标识、腰牌等，都藏进一只小瓦罐里，并埋入地下。他对大家说："我们是大宋的子民，当初反元，目的就是要恢复大宋王朝，而不是现在的朱氏政权。如今虽失败了，但我们宁死不屈。龙凤通宝是代表大宋政权的钱币，不能被销毁，现在埋藏起来，总有一天，后人们会知道，我们的奋斗和不屈的精神。"说罢，他和几名战友，一起服毒自尽。

就这样，我被埋藏在地下，经历了500多年暗无天日的岁月流逝和土壤对我的氧化，我的容貌逐渐变了，长出了锈，不再光鲜发亮。庆幸的是，埋藏我的土壤，干燥且质量好，我的身体没有被严重腐蚀，反而长出值钱的生坑薄锈，有绿的、红的、蓝的、紫的，它们在我身上形成了一幅美丽的水彩画，使我更加漂亮。

500多年，沧海桑田。直到20世纪90年代，新中国改革开放，亳州大兴土木，我所埋的土地，也开始建造新的楼盘。这一天，阳光好得刺眼，铲土机把我挖了出来，我终于重见天日了。

瓦罐已破，古钱币被哄抢一空。一个大胡子民工抢到了我。他把我带到古玩市场，想变卖我兑现。我看到许多双贪婪的眼睛，紧紧盯着我，不怀好意。从他们口中得知，龙凤通宝是珍稀古泉，已成为众多钱币收藏家和爱好者追寻的目标，特别是折二龙凤，更加罕见。

一位慈眉善目的藏家翁老先生，出高价买走了我。他把我带回住所，小心翼翼地帮我拂去身上的尘土，还量身定制了塑料盒，成为我的新房子。这可比阴冷潮湿的泥土，来得舒服多了。翁老显然是真心爱我，他对我的礼遇，让我心里暖暖的。

翁老无儿无女，一心痴迷古泉，平日里，有一些泉友时常会来他家里交流，其中有一位年轻人，叫小奇，颇受他赏识。翁老主动将钱币知识、鉴定技巧等，倾囊相授。小奇也帮翁老的钱币藏品拓片、标注、装册。两人仿佛是忘年交，十分投缘。这次翁老喜得我这枚古泉名誉品，便急忙拿出来给小奇欣赏。

我原本以为，会这样静静躺在翁老存放钱币的小抽屉里，享受着岁月静好、时光荏苒，这样的日子至少也要几十年吧。

可是，老天似乎要故意捉弄我，住在翁老家才不到一年时间，我就迎来了自己人生的一场大浩劫。

那是七夕之夜，翁老回老家探亲了，他的书房，突然出现一个男子，径直走向钱币抽屉。

我正在休息，听到动静，心里一惊："谁啊？"

待那人打开钱币抽屉，我惊叹："啊！竟然是小奇，他想干吗？"

小奇熟练地把我取出来，同时，我的伙伴们，金错刀、得壹元宝、天祐通宝、咸丰宝福一百、太平天国大钱等古钱币，都被他一一取走，藏入口袋。

目的很明显，他要把我们全都偷走！

"小奇真可恶，翁老对他这么好，将所学知识和技能无偿地传授给他，他却恩将仇报，把翁老花费一生心血收藏的许多贵重古泉，据为己有。实在太可恶了！"我心里愤恨。

但我只是一枚钱币，无力抗争，只能任由摆布。我被小奇带回他的住处，还在惊魂未定之时，迎接我的，便是可怕的整容。

小奇为了能将我转手卖掉，又不让别人认出来，对我残忍地动了手脚。我身上美丽的红斑绿锈，被刮下来不少，还把我浸泡在酸水里，弄得我浑身酸疼、伤痕累累。

我的身体在痛，心更在流泪。不知道命运会将我带向何方？被变卖？被流浪？还是被遗弃？我害怕万分，却又无人倾诉。

果然，我的厄运很快来到。我被小奇以低价卖掉，又被钱币贩子偷运出国。

离开了祖国的怀抱，我心痛万分。

不久，在英国某大城市一场古钱币拍卖会上，我登台亮相。我虽被洗过，身上美锈受损，但毕竟没残破，字口依然深峻清晰，又是古泉中的名誉品,故还能卖个好价钱。经过激烈的竞拍,一位姓卢的华裔商人出高价击败了意大利的竞争对手,最终将我购得。

卢先生是位爱国人士,虽说在钱币研究方面不及翁老,却做了一件更伟大的事——将藏品无私地捐献给祖国。正因为他这一善举,我回到祖国母亲的怀抱,被陈列在博物馆里,技术人员还给我做了一定程度的修复。虽算不上古泉中的大珍品,但我至少也是一段历史的见证。和其他馆藏的钱币们一样,我受到了国家的保护,得以永久地生存下去,不再会破损和散失,这对于我们古钱币来说,真是天大的幸运。

如今,我躺在元末起义军钱币展柜里,时常回想起,曾经拥有过我的一位位主人——韩林儿、宋秀才、老翁、卢先生等人,他们虽只陪伴了我生命里的一小段岁月,但都是我要感激的人,他们的音容笑貌,将永远铭刻在我心间。历经磨难后,我仍相信,世上还是好心人多,我衷心希望,人们能够善待每一枚古钱币,因为无论年代远近,无论数量多寡,无论价值贵贱,它们都是独一无二的,是祖国不可再生的物质文化遗产,值得人们去珍藏。

捡漏六字刀不是梦

如今，为什么越来越多藏友会选择玩钱币？

答案固然很多，但其中有漏可捡，是很大一个原因。毕竟历代钱币，无论品种还是数量，都是十分惊人的，在买卖钱币时，难免会有漏网之鱼，我们便有了赚便宜的机会。

一

据史料记载，六字齐刀是战国时期齐国铸造享有盛誉的青铜钱币（图1），正面有六字铭文"齐造（建）邦长法化"，考古学家认为该币是田齐为纪念开国所铸，系我国历史上最早的纪念币。

泉友大洲酷爱古泉，时常喜欢去外地淘宝。20世纪90年代初，他在郑州古玩市场，碰到一位30多岁的农民，拿出一枚刀币给他看。大洲一看这刀币的尺寸外形，就知道是齐刀，但是真是假，是几个字的齐刀，还不清楚。

只见刀币上结满泥锈，他用手指甲使劲剥去一些锈块，隐约看到上面铭文较多、较密，不像是三字刀，起码应该是四字刀，甚至可能是五字刀。他还发现币身有红斑锈，便颇为放

图1 齐国六字刀币

心，认定该刀币是真品无疑。大洲一问价格，那农民说要卖1500元，他心中暗喜，便价也不还，立即付了钱。农民数完钱，非常满意地走了。

刀币到手了，大洲急着想知道这是一枚几字刀币，但身边没有除锈工具，只好将它放入随身带的铅笔盒里，用好几层海绵夹好，生怕碰坏了这2000多年前的宝贝。

急匆匆回到家中，大洲慢慢除去刀币上满身的泥锈，这才看清它的庐山真面目，竟然是一枚品相上乘、红斑绿锈的六字齐刀！

"没想到，古泉极品、五十名珍之一、价值不菲的六字刀，就这样被我捡漏了！"大洲此刻的惊喜，简直无法形容。

二

泉友小邵是杭州人，他一有空就到处淘宝，运气好的时候，就能碰到好钱。记得在2014年一个休息天，他在杭州民间收藏品市场地摊上，看到一枚古钱，泥锈中隐约有"天庆"字样，他知晓天庆元宝有辽国天庆和西夏天庆之分，辽天庆较多，西夏天庆甚少。而这枚天庆钱文字较规范端正，很可能是一枚西夏天庆。结果，摊主东北大叔把它当成辽天庆卖给了他。

回家后，小邵经过除锈处理，发现是一枚品相不错的西夏天庆元宝，钱径2.35cm，穿孔宽0.65cm，重4.06g。此钱端秀润美、铸工上乘，它与唐朝开元通宝或宋朝钱币相比，风格迥异。他欣赏着这枚钱币，仿佛看到了西夏国的塞外美景和异域风情。

图2 辽天庆元宝

在我国历史上，辽和西夏政权都曾铸过天庆元宝。辽天庆元宝（图2），是辽天祚帝耶律延禧在天庆年间（1111—1120）铸造，书法稚拙，具有典型辽国钱币风格，传世量较多。

而西夏天庆元宝（图3），是西夏桓宗赵纯祐于天庆年间（1194—1205）铸造，青铜质地，形制小平，面文端庄劲健，楷书旋读，铸工精好。由于铸造量不多，现今存世较少，在丁宝福《中国古钱图说》中标价60银圆，可见价值之高，然近年

图3 西夏天庆元宝

来鲜有出土。

由于西夏天庆钱文为规范楷书，而辽天庆的钱文，具有鲜明似隶似楷的辽代铸币书韵。因此，这两种天庆钱，书意风格不同，是可以区别的。

为何这枚少见的西夏天庆，会湮没在普通钱币之中，一直未被发现呢？也许是由于这枚钱，长得"一抹黑"，结满泥锈，故长时间被人忽视，那位东北卖主对古钱币知识也了解不深，于是，便把西夏天庆当成辽天庆卖了，让小邵捡了漏。

有趣的是，当天晚上他在网上有幸拍得一枚辽国天庆元宝。同一天当中，能够相继获得夏天庆和辽天庆，实为巧事。

回顾历史长河，辽国（907—1125）和西夏国（1038—1227），是当时不同地区的两个政权，它们和我们大宋王朝曾并列存在过一段时间。经过近千年的沧桑，一切早已灰飞烟灭，然而，见证这两个王朝兴衰的天庆元宝钱币，却依然存在着，是多么让人欣慰和感慨的事。

我们每个泉友，都幻想着成为一代捡漏王，但并不是人人都会这样幸运。在泉友数量剧增，钱币来源日渐枯竭的今天，捡漏更是难上加难。捡到漏了，是你的泉缘；没捡到漏，也不必灰心丧气。

正所谓，天将降"大漏"于斯人也，必先苦其心志，劳其筋骨，饿其皮肤，空乏其身，行拂乱其所为，所以动心忍性，增益其所不能。

或许只有这样，那些天降大漏的时刻和一夜成名的奇迹，才有可能向你招手。

趣谈玩泉路上的野蛮生长

我们很多泉友，或许都有这样的体会，从起初藏品寥寥无几，到后来初具规模，除了坚持不懈之外，还往往经历过一段幸运的野蛮生长期。

一

工薪玩家小杭，自从看了《明朝那些事儿》之后，他就被朱元璋的雄才大略深深折服，一心想要一套大中通宝和洪武通宝（图1）。

图1 明朝大中通宝（上）、洪武通宝（下）套钱

我们知道，普品大中通宝套钱，包括光背小平、折二、折三、折五和背十等五种，而普品洪武通宝套钱包括背一钱、二钱、三钱、五钱、十一两五种。这十枚钱币以前就是热门品种，价格不便宜。在古钱币行情节节攀升的今天，它们更受追捧，整套价格早已过万元。像小杭这样的工薪阶层小玩家，想买到品相好、价格又实惠的大中、洪武钱，谈何容易。

但心心念念，终会有收获。数年前的一天，小杭一位玩杂件的朋友，去杭州留下镇某村铲地皮，发现一户村民家中，有不少古钱币，包括北宋、南宋各类小平、折二钱，崇宁通宝、重宝当十钱，以及明朝大中、洪武通宝等钱币，于是，他急忙打电话给小杭。

小杭一听有大中、洪武钱，喜出望外，便一路飞驰，气喘吁吁赶到那里，终于买到了他朝思暮想的钱币。

让他没想到的是，这些钱币中，除普品大中、洪武通宝套钱外，还包括全套大中通宝背"浙"钱。这套钱币有五种，生坑绿锈，文字俊美，既有明太祖朱元璋铸币的气韵，又极具浙江特色。看得小杭赞叹不已，最终以实惠价格获得了它们。

这是小杭玩泉路上，一次名副其实的野蛮生长。

二

从当初的白手起家，到如今的南宋钱大神，一路走来，泉友钟哥感慨良多。

纪年钱币，可谓是南宋钱一大特色（图2）。如今的钟哥，早已拥有好几套南宋小平和折二纪年钱，而且每一枚都是精挑细选的好品，字口清晰、锈色可餐，实属难得。每次看得泉友们羡慕不已。

图 2 南宋纪年钱币

十多年前，钟哥收集第一套纪年钱的经历，颇有戏剧性。那时，他跑市场、铲地皮、逛小摊、开筒子，日复一日，一枚枚地挑选出不同的纪年钱。

玩过南宋钱的泉友都知道，这样集币有一定难度，有时候，数十斤原坑钱里，挑不出一枚端平。有时候，十几斤筒子钱里，砸不出一枚开庆；有时候，几百枚南宋钱里，大部分都是普通建炎和绍兴。

但功夫不负有心人，经过努力，钟哥的南宋纪年钱品种，从最初的几枚，到十几枚，再到百余枚。后来，折二全套都齐了，小平钱还缺少端平背元、嘉定背五、咸淳背八这三个品种。钟哥觉得是自己运气欠佳吧。

某天，他又去逛古玩市场，路过一摊位，摆放的大多是些杂件、旧书、旧报，只有角落处有个不起眼的小盘子，里面散着二十来枚古钱。

钟哥见钱币数量太少，本来不打算看，但抱着碰碰运气的心态，他还是蹲下身去。

他一看，除了普通清钱，竟然还有四枚南宋小平钱。说来真巧，端平元、嘉定五、咸淳八，全在里面。而剩下的一枚，竟然是少见的大宋元宝光背。

"全齐了，一枚不差！"钟哥心花怒放，他没想到，一下子就搞定苦苦追寻的目标，还意外捡了漏。虽说它们并非古泉珍品，但什么叫"踏破铁鞋无觅处，得来全不费功夫"，此刻的钟哥，是最能体会了。

三

泉友辉仔，虽只有三十来岁，却早已是泉友们眼里的大咖。如今的他，历史典故，随口道来；钱币藏品，如数家珍。但有谁知道，他能有今天的成绩，源自一次正确的投资。

数年前的一天，辉仔去村里铲地皮，可一天下来，没见到什么可收的东西。

天快黑了，他坚持去跑最后一家，房主是位老大娘，她拿出一些杂七杂八的物件，其中有一叠第三套人民币一角纸币，吸引了辉仔视线。

"这些一角纸币当中，有三十多张背面绿色的，其中大部分带有水印,挺新的而且是连号。"辉仔查看后,不禁深吸一口气。

"这是个好漏啊,不能错过。"辉仔当机立断,买下这些纸币。

时过境迁,这种绿色水印一角纸币(图3),俨然已成为第三套人民币中的币王,好品价格每张可达数万元。

图3 绿色水印一角纸币

某场拍卖会上,辉仔的连号绿色水印壹角,以一百多万元成交,这相当于一套新房首付款。有了这一桶金,他妥善利用,丰富了收藏品种,拓宽了经营范围,提高了生活品质。这真是辉仔人生中一次不可思议的野蛮生长。

我相信,这样的故事还有很多。那些经历过野蛮生长期的泉友们,是幸运的。毕竟,藏品得到充盈,眼界得到开阔,知识获得长进。而那些没有经历野蛮生长的泉友,也不必抱怨,或许,现在的贫乏只是暂时的,美好的未来正等待着你们。

作为一名钱币发烧友,谁都希望自己的钱币有朝一日,能够疯狂增值。但机遇往往只留给有准备的人,我们只有在平时,积累知识,磨炼眼力,坚持不懈,充分准备,才会获得机遇眷顾,赢来自己玩泉生涯中的野蛮生长。

在此祝愿每一位泉友,泉缘福厚,收获满满。

七夕：初恋与钱币

又逢七夕佳节，流光溢彩，充盈浪漫。

泉友小凡摩挲着手中的龙凤花钱，思绪飘飞到 20 年前的七夕之夜——那个铭记心中的女孩。

女孩是他初中同学，也是班上的英语课代表，名字很特别，叫公孙燕。

一、 捡钱币的女孩

那时的初中生小凡，性格腼腆、成绩平平，在老师和同学们眼中，是个不起眼的角色。但小凡对钱币，却情有独钟。

那时候，几乎每个同学都随身带手帕，小凡也是如此。一次，他把最近获得的十几枚心爱古钱币，全包在手帕里随身携带，每次想玩的时候，就拿出来过过瘾。

一堂历史课上，老师正好讲到王莽篡汉、改革货币制度这一段精彩历史，小凡顿时兴起，想把玩一下自己新买的王莽钱币——大泉五十（图 1），于是，他一边听课，一边去兜里掏手帕。

不料，手帕没包紧，他抽出来的时候，钱币全掉了出来。

只听"叮叮当当"，十多枚钱币落地，四散而逃，其中有两枚竟一直滚到第一排座位旁。

图 1 大泉五十

许多同学发现了小凡的钱币，都惊讶地看他，还有几个在故意嘲

笑他。

本就胆小的小凡，从没出过如此洋相，顿时一脸懵。

"老师，他上课开小差，玩钱币，你快点没收它们。"一名男生不怀好意地叫道。

正当小凡尴尬得不知所措的时候，坐在一旁的公孙燕，默默起身，蹲下去，帮他将钱币一枚枚捡起来，交还到他手里。

内向的小男生，接过钱币，脸红得说不出话。

在关键时刻，只有公孙燕，向他伸出友谊之手，小凡感动得差点泪奔。

下课后，公孙燕对他说："你呀，真看不出来，还有这么高档次的爱好，让我刮目相看呢。"

就这样，两人距离拉近了，时常聊天散步。渐渐地，小凡喜欢上了燕子，喜欢她开朗无邪的眼睛，喜欢她做操时随风飘飞的秀发，喜欢她没心没肺的笑，喜欢她……每次一见她，小凡就心跳加速。总之，是初恋的感觉。

二、神秘的"TAI CHING TI KUO"

几天后，燕子拿来一枚铜板（图2），对小凡说："这枚铜板，是我太爷爷传下来的，知道你钱币厉害，快帮我看看，这上面的英文，到底是什么意思啊？"

图 2 大清铜币

小凡一瞧，铜板上铸有英文"TAI CHING TI KUO"，他抿嘴一笑。

"你笑什么？"公孙燕好奇。

"嗯，这是清代光绪时期铜圆，属机制币，上面写的 TAI CHING TI KUO，就是当时英文版的'大清帝国'，收藏钱币不仅能学到英文，还能学到满文、蒙文、回鹘文等各种文字呢。"小凡解释道。

"哇，原来是这个意思！你真是专家，连书上没有的知识都懂！谢谢你。"公孙燕开心极了,笑得灿烂。

身为英语课代表的她,虽是学霸,但对"TAI CHING TI KUO"这句英文一直百思不得其解,她翻看英语词典,仍找不到答案。如今,不得不佩服小凡的才华。

三、走上人生巅峰

不久后的一次英语课,上课前老师说:"同学们,今天我们要讲的课文是《Ancient Coins》,你们都看到了,课本上这张配图,上面全是形态各异的中国历代钱币。"

小凡翻开书,看着上面的古钱币,感觉格外亲切。

"班里有没有同学收集古钱币的,自告奋勇来为大家讲解一下吧?"老师提问。

教室里一片沉默。

有几个同学转过头看小凡。

小凡害羞,故意低下头去,假装没看到他们。

"有没有同学愿意讲一下的?"老师又问。

教室里依然一片安静。

"好吧,既然没有同学懂钱币,那我就开始讲课了。"老师有些失望。

"等一等,老师!"一个清脆的声音响起。

大家一看,是公孙燕站了起来。

"老师,我们班有一位同学,是钱币收藏专家,他不仅懂各种钱币,连钱币上我们不知道的英文,他都认得出来。他就是徐小凡同学!"公孙燕急忙推荐。

"真的吗?太棒了,那快请他上台,为大家做讲解吧!"老师鼓掌。

全班同学都看着小凡。

"看来,不讲不行了。"小凡满脸通红,硬着头皮上台,声音颤抖着说:"大家看,课本中图片左上方的大型钱币,是我国春秋战国时期齐国的刀币,它和旁边的铲币、环钱、蚁鼻钱,构成先秦四大货币体系。中间上方的钱币,是秦始皇统一六国后铸行的秦半两,它奠定了中国钱币 2000 多年的圆形方孔型状;中间下方是汉代的五铢,它是我国历史上流通时间最长的钱币；右上方的是唐代开元通宝，从此我国钱币以通宝、元宝相称；左下方的是北宋徽宗亲笔书写的崇宁通宝（图3）和大观通宝，钱文瘦金体，铁画银钩，美不胜收；右下方的是清代康熙通宝罗汉钱，是康熙皇帝生辰纪念币。我国丰富多彩的古钱币，有数千年流通历史，是当时政治、经济、文化、艺术等方面的映射，是祖先留给我们的宝贵财富。"

图3 北宋崇宁通宝

小凡越讲越流利，越讲越兴奋，连起初的紧张也没了，他的精彩讲解，博得老师和同学们一阵又一阵热烈掌声。

英语课上这次钱币解说秀，让小凡嘚瑟了好一阵子，全班同学都对他刮目相看。他甚至觉得自己走上了中学时代的人生巅峰。

当然，这一切，是与公孙燕分不开的。

四、落荒而逃的告白

时光荏苒，小凡越来越喜欢燕子了，决定在毕业前，向她告白，他在自己钱币藏品中，选出一枚心爱的龙凤呈祥图案花钱（图4），打算送燕子，作为初恋信物。

但学生时代，瞬息万变，毕业仿佛遥遥无期，转眼却各奔东西。不久，由于燕子父母调动工作，她也将离开这个城市，去外地求学。

一切来得太突然，还没毕业，公孙燕却要走了，这让小凡猝不及防。两人见了最后一面，那天恰好是七夕，分别那一刻，天空飘洒着细

图 4 龙凤花钱

雨。害羞的小凡,依然无法鼓起勇气向燕子告白,而那枚龙凤花钱,最终也没送出去。

转眼 20 多年过去,小凡的龙凤花钱和他那场青涩无果的初恋一起,被他深深埋藏在心灵深处,却不曾忘怀。七夕之夜,他的耳畔飘起伤感的旋律:

谁娶了多愁善感的你,
谁安慰爱哭的你?
谁把你的长发盘起,
谁给你做了嫁衣?

人生的第一次"钱币练摊"

摆钱币地摊，俗称"练摊"（图1），是一种比较原始直接的经营交流方式，相信许多泉友都亲身经历过，可谓历史悠久、老少咸宜。

图 1 古玩地摊

作为一名钱币"老顽童"，回想起自己人生的第一次钱币练摊，至今难忘。

那是 20 世纪 90 年代，我还在读大学，家境并不宽裕，想卖点古钱铜板，补贴学费或零用。于是，抱着试试看的念头，我摆起了地摊。

摊位地点选在离学校不远的旧货市场，因为那里人气旺、买家多，我觉得自己的钱币在那里说不定真能卖个好价钱。

天还蒙蒙亮，我便赶到市场，铺上麻布，摆放好钱币，开始人生中的第一次练摊。

钱币包括历代纲目钱、五帝钱（图2）、御书钱等品种，但那时的钱币收藏，并不热门，地摊摆了许久，我吆喝了许久，仍然无人问津。

又过很久，总算走来一位中年男子，戴着金边眼镜，一副学者模样。只见，他用犀利的眼光扫了一遍我摊位，问道："靖康有吗?"

"没有。"我回答。

"篆书徐天启呢?"

"没有。"

"那淳化金币呢?"

"也没有。"

图 2 五帝钱

"唉，小伙子，你这个没有，那个也没有，摆什么钱币摊呢?"说罢，他用不屑的眼神瞪了瞪我，一甩袖子，扬长而去。

"好吧，碰到一个国宝帮!"我很是郁闷。

片刻后，过来一位年轻女子，颜值身材俱佳，打扮得珠光宝气，香水扑鼻，一看就是一位贵妇。

我心想，这回生意来了，绝不能放过她，便笑着对她说："哟，美女，你来得正好，快瞧瞧啊，黄亮五帝钱，北宋太宗、徽宗御书钱，应有尽有，招财祈福保平安，包老包真，价廉物美。"

可是，我说了这么多，美女却毫不在意，她不紧不慢从一只时髦包包里掏出块红布，打开布，里面是一枚钱币。美女镇定地对我说：

"小帅哥，这个宝贝你收吗?"

我一瞧，惊出一身冷汗。这是一枚火气很重、钱文失真的三孔布（图3），我一看便知道是假的。

"不好意思，这个东西是新货，我不收的。"我实话实说。

"你胡说！这钱币，是我家祖传的宝贝，大珍品！小鬼，你到底懂

第一章

回忆篇

不懂古币啊!"美女生气了,手舞足蹈的,想要动手砸我的地摊。

我大惊,急忙解释:"美女姐姐,不好意思,我初来乍到,没见过世面,你可别生气啊,既然你的宝贝这么好,那不愁卖不掉,要不,到别的摊问问,说不定有人会出高价呢!"

图3 三孔布(仿品)

美女一听有理,这才放过了我,转身离开。

"看来有时候,不能讲实话啊。"我虚惊一场。

之后,又陆陆续续来了一些人,有年轻人,也有年长者;有独自一人,也有三五成群的,其中不少人好像对我的钱币很感兴趣,这枚看看,那枚摸摸,挑选了半天,但就是不买。他们这枚钱币嫌锈重,那枚嫌有磕,这枚嫌字浅,那枚嫌价格贵。

"唉,这些上帝,实在太挑剔,太难伺候了。"我感慨不已。

就这样,一天下来,我一枚钱币也没卖掉,眼看天快黑了,只好悻悻然地回去了。

我不甘示弱,第二天又去摆摊。

结果还是一样,大半天过去了,只有问价的人,没有买货的人。转眼已近黄昏,眼看没什么生意,我心灰意冷,开始收拾东西,突然发现少了一枚黄亮雍正!

"很可能是有人,趁我不注意,把钱币'摸'走了,可恶!"我一阵心疼,一阵眩晕。

摆摊两天,钱币没卖,反而失少,入不敷出。此刻的我,已生无可恋,只想赶紧收摊回家。

正在这时,走来一位胖大叔,对我摊位东看西看。

我感觉他是个外行,便懒得搭理。

"哇!绍兴元宝!"他大叫一声。

"是啊,怎么了?"我疑惑。

"嘿,小兄弟,我就是绍兴人,这是家乡的土特产,我很喜欢,怎么卖啊!"大叔挡不住浓烈乡情,迫不及待问价。

"自己挑的话，6元一枚，通走只要3元。"

"这么便宜呀！"他豪爽地递给我两张百元大钞，说道："我全要了，不用找了！"

就这样，我的几十枚绍兴元宝和通宝折二钱，一股脑儿全被买走。

大叔付完钱，兴冲冲地走了。

要知道，那时候的200块，可不是小数目啊。幸福来得太突然，我高兴得都来不及和他科普一下：

绍兴元宝（图4）和通宝，是南宋代表性钱币之一，距今已有800多年历史，它们是高宗赵构改越州府为绍兴府的见证，承载着"绍祚中兴"的追梦理想！

图4 南宋绍兴元宝

此次练摊，尽管不如意，但结果不坏，我的摊位费和丢失的雍正，总算是赚回来了，一天辛苦也没白费。此刻，我刚才的愁云惨雾，已烟消云散。

有了第一次练摊经验，后来的第二次、第三次，也就熟能生巧了。就这样，我不仅卖了钱币，还收到了钱币，可谓以藏养藏，一举两得。此外，我通过练摊，锻炼了交际能力，丰富了社会阅历，增长了钱币知识，了解了市场行情，它成为我一笔独特的人生财富。

如今，随着"互联网+"时代到来，我们的钱币经营方式，逐渐从地摊、实体店转向网络。越来越多的泉友借助各类钱币网站、微信、微拍、直播等手段，交易自己的钱币藏品，方便快捷，这种方式似乎已成流行。

或许有一天，"钱币练摊"（图5）将退出历史舞台，成为古老记忆。但无论怎样，那些酸甜苦辣的练摊往事和体验到的人生百味，我们一直会铭记在心。

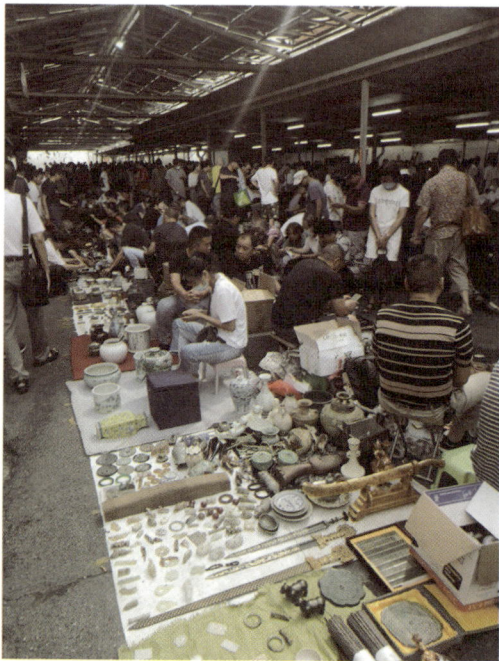

图5 钱币练摊

我和散落天涯的泉友们

我的名字叫赵远远,是一名准泉友。

20世纪90年代,我在杭州读中学。

那时,小林、芳子、阿潘是我的同学,我们既是泉友,又是死党。每到周末,四人便相约去岳王路一带淘宝。时值旧城改造期,那里的花鸟市场到处有大大小小的钱币地摊,逐渐成为我们的欢乐场。

年少的我们,只是"古泉小菜鸟",对于历代钱币知识,心里虽喜欢,却懵懵懂懂。每次,哪怕买到很普通的钱币,比如一枚残破万历,或是一枚普通康熙,我们都会如获至宝、兴奋不已。

四人之中,小林最有投资意识,他说自己买钱币,是为了日后能增值,然后卖掉赚大钱。他自认为有朝一日,一定能成为投资天才、千万富翁。

芳子是个单眼皮女生,梳着短发,喜欢穿牛仔,性格大大咧咧像男生。她是我们中唯一的女泉友,但我们却一直把她当成"哥们"看待。芳子酷爱高颜值的钱币,比如王莽美泉(图1)、北周三品、徽宗御书(图2)、大头龙洋等品种,她都梦寐以求。我们问她收藏钱币的目的,她说是要用钱币,来召唤自己的白马王子。这一奇葩想法,让我们无法理解,真是一个疯

图1 王莽系列钱币

狂的女孩。

图 2 宋徽宗钱币

阿潘是我们当中，心气最高的，他对我们买的普通圆形方孔钱币，总是不屑一顾。他说自己只钟爱先秦的刀币、铲币、鱼币、鬼脸钱这些奇形怪状的钱币，并一心想拥有自己的钱币博物馆。

相比他们，我乏善可陈。我玩钱币，只是因为快乐，所以喜欢，仅此而已。

记得那时天总是很蓝，日子过得很悠长，年少轻狂的我们，总有说不完的话，淘不完的钱币。每次累了，我们就坐在钱币摊附近的工人文化宫台阶上，歇歇脚，吹吹牛。

有次，大家淘完钱币坐上台阶，我和小林一起玩着刚到手的徽宗小版，芳子把玩着一枚新买的乾隆大样美品（图3），爱不释手。阿潘独自坐在台阶最上层，他俯视着不远处零零散散的钱币摊，若有所思。

我们问他："你呀，这枚钱币看不上，那枚又嫌差，你到底想要什么？"

"这里没有我的梦。"阿潘不屑地说："喏，这才是我的目标。"

图 3 乾隆通宝

只见，他从裤袋里掏出一张皱不拉几的纸，给我们看。

"哇，这是古泉极品六字刀（图4）啊！你莫非想买？"我说。

"远远，算你有点眼力，这枚是平尾赞平的藏品，他一个日本人，也能拥有六字刀，凭什么我就不能拥有？"阿潘不服气地说，他的思绪，已神游到春秋战国，那个到处有刀币、布币、蚁鼻钱的年代。

没想到，一向寡言少语的阿潘，竟如此野心勃勃，我们对他刮目相看。

就这样，我们省吃俭用、日积月累，收集到一些历朝历代钱币，也包括铜板、银圆、纸币等，

图4 六字刀

但都是常见品，珍品买不起。当然，我们也买过赝品，交过学费，受过骗，但依然很快乐。

时光荏苒，转眼毕业了，由于成绩不好，我们都没考上大学。

"我要去河南，去寻六字刀！"阿潘带着他的豪言壮语离开了。看着他远去的背影，我们竖起大拇指。

芳子的钱币显灵了，真的帮她召唤来一位男友，而且还挺帅。芳子一毕业，便跟他去了外地。走的时候，她已蓄起长发，笑得格外灿烂，眼里满是幸福。我们这才发现，芳子竟然会那么美，一下子，都对她男友羡慕嫉妒恨。

小林去当了兵，回来后成为一名协警，被分配在外地。他算是我们中，唯一有正规工作的。

四人当中，只有我留在了这座城市，平凡的我，没考上大学，又别无所长，便在古玩市场租了个小店面，卖点钱币杂件什么的，生意不大，但还勉强能度日。

就这样，我们四人，为了各自的理想和人生，分道扬镳，各奔天涯。

毕业后的日子过得平淡无奇，闲暇之时，我会想起这三位同学，也不知道他们怎么样了？有没有过上想要的生活？

一晃数年过去，我和小林还偶有联系。可是，阿潘和芳子，始终音讯全无，就像失踪了一样。

一天，小林行色匆匆来我店里，拿出几枚品相寒碜的雍正，要我帮他卖掉。

"你这么缺钱？"我问。

"废话，我急着要买新车呢。远远，你快说能卖多少？"小林很急。

"这些雍正品相差，不值钱。对了，那年你生日，我送你的咸丰大钱（图5），现在价格猛涨100多倍了。"

图 5 咸丰大钱

"唉，那东西我早没了，几年前就卖了。"

"什么，我送的生日礼物，你就这么不珍惜？"我有些失望。

"我早就不玩钱币了，没什么意思，藏品也都卖了。我要的是现金，赚钱才是硬道理！"

听了小林的话，我恍然大悟。原来，他早已把自己爱好抛在了九霄云外，现在的他，只是金钱的奴隶。眼看昔日的哥们，如今已形同陌路，我实在无语。

小林和我提起了芳子。

一天小林值班，接到报警，有个女子要跳楼。他们急忙出警赶到现场，没想到，坐在楼顶边缘的女人，竟然是芳子。

芳子很激动，大哭大叫，随时有轻生念头。民警和小林好不容易稳住她情绪，又经过一番劝导，终于将她劝了下来，询问情况才知，她是为情所伤。

原来，芳子那位帅哥男友染上赌博，很快欠下巨款。痴情的芳子，变卖自己所有钱币藏品,帮他还债。可换来的,却是男友投入另一个女人怀抱。

芳子相信爱情,而男友却背叛了她。这次虽没跳楼,但她抑郁症已很重。平时,她住狭小的出租房,总喜欢独自坐在朝西的阳台,沉默不语,一待就是一整天。

在大家眼中,她是一个精神失常的疯女人,全都避而远之。

听说后来,芳子远走他乡,从此便再无音讯。

对于芳子的遭遇,我十分痛心。

如同人间蒸发一样的阿潘,他究竟在哪里?这是我一直的疑虑。直到有一天,我才找到答案。

那天,一位泉友来逛我的店铺,他操着河南口音,买了几枚南宋钱,我们闲聊起来,并互相欣赏手机里的钱币照片。忽然,我看到有一张合影,里面竟然有失踪多年的阿潘。

"啊!你也认识阿潘?他是我老同学,现在怎么样了?"我急忙问。

"他呀,别提了,早就进去了。"

"什么!进去了?怎么回事?"我大惊失色。

"这小子,胆子贼大,到处乱挖钱币,不被抓才怪。"河南人点上一根烟,不紧不慢地和我讲了阿潘的事:

我们河南,虽说绅士和淑女少一些,却总能挖出宝贝。不少地方出土过刀币(图6)、裤衩币等古钱。于是,全国各地想发财的人,都闻风前来,阿潘就是其中一个。

一开始,他还算老实,只问别人买钱币,不敢去挖。后来胆子大了,也开始自己动手。起初,他运气不错,有一次挖出不少裤衩币,其中还包括带柄的大裤衩(空首布)。

图6 战国明刀

后来，阿潘挖到几枚刀币，但都是断裂残破的。他不甘心，一心要挖三孔布、六字刀这样的稀世珍品。他四处打听消息，背着探测器、洛阳铲等工具，夜以继日，到处乱找，不知疲倦。后来，阿潘和几名同伴又探测到一坑钱币，便急忙动手开挖。

他眼睛发光，仿佛已穿透泥土，看到了属于自己的宝贝。

就在这时，警察突然赶到。

阿潘和几名同伙正在专心挖钱，毫无防备，一下被逮个正着，十分狼狈。

法网恢恢，疏而不漏。阿潘因盗挖国家文物，被判刑数年。

我昔日同学阿潘，从当初四海为家，沦为如今铁窗生涯。听了他的遭遇，我唏嘘不已。

残阳如血，我下班走出店铺，岳王老街已被拓宽，新铺的柏油路，在阳光下格外刺眼。然而，文化宫与钱币摊，早已荡然无存。我那些昔日泉友，经历了人生百态和世间冷暖，也早已散落天涯，就如同年少轻狂的誓言一般，随风而去。只留下我脑海中，他们依旧温暖纯真的笑容。

走着走着，耳畔飘来凄婉的歌声：

"有些故事还没讲完，那就算了吧；

"有些心情在岁月中，已经难辨真假……

"他们都老了吧，他们在哪里呀？

"于是就这样，各自奔天涯。"

我是"咸大"毕业的，没毛病

我叫小炎，出生在浙西一个小县城，小时候家里穷得叮当响，生活颇为艰难。那时，我长得又黑又瘦，平时捡些废报纸、矿泉水瓶等杂物，卖点钱补贴家用。在学校老师眼里，我只是一个成绩平平的小角色，同学们也都看不起我，他们知道我喜欢捡破烂，便纷纷嘲笑我是叫花子，说我有毛病。对此，我只是淡然一笑，从不争辩。

我父亲去世早，留下一枚咸丰元宝（图1），说是爷爷祖传的，家里虽穷，却不舍得卖掉。它厚重古朴的体型，大气磅礴的文字，细腻精良的铜质，深深吸引了我，让我爱不释手。

图1 咸丰元宝

因为家里穷，我中学才读一半就辍学了，开始混社会。我别无所长，只能在旧货市场摆个地摊，收些废旧品、包括古钱、小人书、杂件之类的，勉强维持生计。

不像现在的许多泉友，喜欢玩钱币小精品，我们那时候，都喜欢大的钱币，因为觉得大的就是好的。收旧货的我，也一直希望能收到自己最爱的咸丰大钱。

机会来了。记得那是个大热天，我正汗流浃背地摆摊收货，来了位大伯，他从包里掏出一本钱币册，递给我看。

我接过册子，感觉重得发沉，一打开，里面全是当五十、当百的咸丰大钱（图2），少说有百来枚。什么通宝、重宝、元宝都有，什么宝泉、宝源、宝河、宝武、宝巩、宝陕、宝福、宝昌、宝苏、宝川等等，各种咸丰钱局，差不多全齐了。那些咸丰大钱"敦厚可爱"的样子，把我都看傻了。

图 2 各类咸丰大钱

"老爷子，这么多大钱，卖掉多可惜，不留给儿子吗？"我问。

"哎，小伙子，不瞒你说，我只有个女儿，她不喜欢钱币，觉得又土又脏的，根本没兴趣。现在快要嫁人了，这些钱币，我留着也没用，还不如卖了。"大伯一边说，一边头上直冒汗。

那时的咸丰大钱，虽然廉价，但对我来说，还是太贵，我只好东拼西凑，又借了钱，才把它们全都买下。

获得这批咸丰大钱，让我有了底气。同学们在读大学，我当然也不甘落后，便对自己说：

"我学的是咸丰大钱专业，课堂就设在旧货市场！"

从此，我走上了漫漫"咸大"求学路，不再只当一名"等咸之辈"，主动出击，到处搜集咸大。

经过坚持，到2000年，我通过各种渠道，日积月累，已收集到数百枚咸丰大钱（图3），逐渐拥有当五百、当千等咸大品种，并在古玩市场，有了自己的小店铺。

图3 咸丰宝福局套钱

记得有次，一位老奶奶来我的店铺，拿出一枚苏百。

我一看此钱，便觉气韵不凡，端在手里，沉甸甸的，感觉比一般苏百要明显大一号。

我急忙一量直径，好嘛，果然惊人。见过大号的苏百，可没见过如此特大号的，这种尺寸，恐怕堪称苏百中的巨无霸了。

更要命的是，这钱铜质细腻，字口、边道出奇的精整，还隐约留有刀痕。

"莫非是一枚母钱？"想到这里，我的心要蹦出嗓子眼了，那个兴奋劲，简直无法形容。

我当即向老奶奶买下这枚大苏百。后经鉴定，这果然是一枚苏百大号样钱（已售，惜未拍照）。

像这样的经历，我曾遇到过好几次。随着时光流逝，在钱币圈，我开始小有名气，收集的咸丰大钱名品也逐渐增多（图4）。虽然，当时收藏品市场不景气，钱币价格低迷，但我没有放弃，依然执着地囤积我的咸大，因为已深深上瘾。

图 4 咸丰元宝当千

一晃 20 多年逝去，到 2014 年，我已收集 1000 多枚咸丰大钱，成为当之无愧的"咸大"毕业生。

近几年，收藏市场逐渐回暖，钱币行情持续升温，咸丰大钱（图 5）的涨势更是不可阻挡。于是，我卖了一部分咸大，获得可观的收益。

图 5 咸丰大钱一组

现在的我，再也不用去捡破烂卖钱了。我已买车买房，娶妻生子，过上幸福生活。那些以前嘲笑过我的同学，他们万万没料到，以前最不被看好的我，竟然会咸鱼翻身，变成一位人生赢家，便纷纷羡慕我、奉承我。当然，他们再也不敢说我是叫花子，有毛病了。

如今，我已获得钱币专业鉴定师证书，并发表了数万字的咸丰钱币学术论文，终于能理直气壮地对大家说，我是"咸大"毕业的，没毛病！

天国钱币，永远的痛

漫漫藏泉之路，有收获就有遗憾，有喜悦就有伤痛。不少泉友一路走来，想必深有体会。

杭州泉友小正未满40岁，因出道早，在如今钱币圈中，已然是一位大藏家。他的钱币藏品，丰富精良，历朝历代，均有涉猎；纵向横向，都有深度。可奇怪的是，如此大神般的人物，却唯独没有太平天国钱币。

朋友们都很纳闷，为何钱币嗅觉如此敏锐的小正，对如此热门的天国钱币，却一直不闻不问呢？

其实，小正心里最清楚，天国钱币，一直是自己心中永远的痛：

10多年前，小正十分痴迷天国钱币（图1），因为太平天国运动是

图1 太平天国钱币

我国历史上最大的农民起义。那段刀光剑影、血雨腥风的历史，本身就十分精彩，而其铸造的钱币更具特色，品种浩繁、自成一派，一直是许多泉友的最爱。小正爱得不能自拔，好在那时的古泉尚不难寻觅。经过省吃俭用、艰苦集藏，他的天国钱币，终于集满了足足一整册。什么天国圣宝、太平天国圣宝、太平圣宝天国、天国太平圣宝等，什么小平、当五、折十、折五十、当百等，什么宋体、楷书、隐起文、小字、大字、稚书体等，各类版别品种、不同大小尺寸，应有尽有，数量多达百余枚，可谓大观。

小正对此颇有成就感，得意之余，他便约上三五泉友，品茶论泉，不亦乐乎。

天国小王子、天国泉霸……一时间，小正拥有了众多美誉和绰号，他的心渐渐飘上云端。

年轻的小正，开始名声在外，越来越多泉友想一睹他的钱币风采。小正盛情难却，一天周末，他在家中摆酒，宴请泉友们。来赴宴的，除了一些老泉友，还包括三位不熟识的新泉友。小正向来豪爽，几杯酒下肚，便都是兄弟，拿出藏品和兄弟们交流。于是，大家吹牛撸币，觥筹交错，很是尽兴。小正当晚大醉，不知今夕是何年。

直至第二天晌午，小正方才酒醒，那些兄弟早已走光，只剩满桌狼藉。他这才收拾起来，发现其他钱币都没少，唯独那本太平天国钱币册子无影无踪了！

小正大惊失色，顿时酒醒了一半，他拼命寻找，桌底床底、角落旮旯，全找遍了，却没结果。

他恍然大悟，很可能是昨晚，其中一位"兄弟"，趁他醉酒，将那本天国钱币册顺手牵羊"带"走了。小正心痛万分，向泉友们四处打听，推断出有一位泉友，嫌疑最大，但此人在第二天，便人间蒸发了，大家不知道他的电话和真实姓名。在那个没有微信，没有网络的年代，人走了，就再也无从寻找。没证据，没监控，报案也是一场空。

整册天国钱币，100多枚，说没就没了。心碎，彻彻底底的心碎。交友不慎，遇人不淑，导致小正多年来的苦心经营，最终变成黄粱一梦，可悲可叹。

"一朝退回解放前，绝口不提天国钱。"这是小正的心灵写照，受严重打击的他，一蹶不振，一连数天，魂不守舍。之后，尽管他仍然坚持收藏其他古泉,但对于天国钱币,却从此终结,永不再提。

　　"痛定思痛,痛何如哉!"时隔多年,每当小正蓦然回首,伤痛虽已过去,却仍历历在目,久久无法平息。他只能默默抚平伤口,在藏泉路上,继续砥砺前行。

相过的亲，送过的钱币

爱情和钱币，你究竟更爱谁？理想和生活，两者能否兼得？这一直是困扰广大年轻泉友的问题。现在，让我们看看两位泉友的相亲故事吧。

一

光阴荏苒，不知不觉，1988 年生的泉友小翼，已过而立之年，但另一半仍未着落，这可急坏了家人，不断给他安排相亲。算下来，小翼相过的亲，已不下一个排，可惜那些姑娘不是颜值欠佳，就是身材走样；不是性格不合，就是三观不同。结果，他至今还单身。

家人不甘心失败，这不，又给他安排了一个。

约会地点在市中心的网红店"喜茶"，小翼先到，女孩果果姗姗来迟。

小翼看到果果，眼前顿时一亮，这女孩，无论颜值、身材、气质、穿着都无可挑剔，如同网红一般，和他以前见过的那些庸脂俗粉相比，简直是天壤云泥！

片刻闲聊下来，小翼发现果果谈吐优雅、善解人意，更为难得的是，她对他的钱币收藏爱好，竟然也颇为赞赏。

小翼心跳加速，他认定，果果就是自己梦中的那个她。

终于遇到心仪对象，小翼回到家，兴奋得睡不着觉。很快，两人又相约见面，谈得甚为投机，彼此距离拉近了。

小翼发现自己越来越爱果果了。于是，他打算送一枚"钱币重器"给果果，作为爱情信物。小翼钱币藏品丰富，挑来挑去，选中了自己的珍藏品龙凤通宝（图1）。

"对，就送她龙凤，预示着我俩的爱情，能够龙凤呈祥。"小翼越想越美，"日后我和果果结婚了，这枚龙凤通宝，还可以成为美满婚姻的见证。懂得付出，才会获得真爱！"

图1 龙凤通宝

第二天，小翼就把龙凤通宝送给了果果，她欣然接受。小翼见果果十分开心，自己也心情倍佳。

之后几次约会，两人吃了火锅，看了电影，轧了马路，逛了西湖，一切都进展顺利。

一次，小翼不经意间和果果说："那枚龙凤通宝，是元末农民起义军钱币中的佼佼者，你可要珍藏好啊，很贵重的，如果以后我们……"

"哈哈，它已经被我'十动然鱼'了！"果果狡黠一笑，打断了小翼的话。

"啊？'十动然鱼'？什么意思？"小翼没听懂，如坠云里雾里。

"你看这个，怎么样，漂亮吧？"果果从包里拿出一款高端炫彩口红，在小翼眼前得意地晃晃。

小翼还是一头雾水。

"傻瓜，这都不懂。你送给我钱币，我真的十分感动，然后就挂上闲鱼卖掉了。这就叫'十动然鱼'！"

"那，那你卖了多少钱？"小翼有一种不祥之感。

"2000元，买了这支口红。"

"什么！价值几万元的龙凤通宝，你竟然2000元就卖掉了？"

"是啊，有什么办法呢，你那枚古币，又脏又丑，挂在闲鱼上，好多天都没人要，我只好一次次降价，最后能卖2000元，已经很不错了。"

"我的天！那是我们爱情的信物啊。你怎么说卖就卖，一点也不珍惜。"小翼感觉自己的世界轰然崩塌。

他急忙上网一查，龙凤果然被卖，买家早已收货，钱币再难追回，一切覆水难收。

这时，小翼方才醒悟，原来，自己心中那个温柔贤惠、善解人意的果果，其实都是错觉。真正的她，是一个追逐时尚、个性自我的物质女孩。

或许是果果真的不适合小翼，也或许是在小翼心中，还是更爱钱币吧，从此，小翼和果果之间便有了隔阂，最终还是没能走在一起。

二

泉友眼镜林和女孩芸儿的第一次见面，约在麦当劳里。

眼镜林自幼痴迷古泉，平时喜欢写点钱币方面的小文章，聊以自慰。

芸儿是文艺青年，气质清新，一头清汤挂面式的长发，看着让人舒服。

两人的相亲对话，有些简单直接。

"你的业余爱好是什么？"眼镜林问芸儿。

"我从小就特别喜欢书法，一直在坚持。那么你呢？"芸儿反问。

"玩钱币。"眼镜林果断回答。

"哦？这个有意思，听说历代钱币上也有不少书法，你能说给我听听吗？"芸儿好奇地问。

这下，眼镜林来了兴趣，一提起钱币，他便打开话匣子，滔滔不绝地讲起来。

"说起我国历代钱币上的书法，那可真是集篆书、隶书、真书、行书、草书等之大成，名家荟萃，精彩纷呈啊。比如，先秦刀币（图2）、布币、

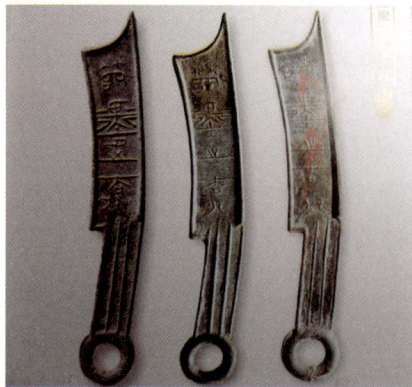

图 2 先秦刀币

圜钱等钱币上的金文,古朴大气;秦半两钱上的小篆,相传由宰相李斯书写,笔力苍劲;王莽时期货布(图3)、布泉、货泉,书体悬针篆,隽秀凝重;北周三大美泉,书体玉箸篆,华丽豪放;唐代开元通宝八分隶书,由欧阳询书写,柔中带刚;北宋淳化元宝、至道元宝,分为真、行、草三体,是宋太宗亲自书写,开创了皇帝御书钱的先河;崇宁通宝、大观通宝,是宋徽宗书的瘦金体,铁画银钩,美不胜收,还……"

图3 王莽时期货布

这一番话,深深吸引了芸儿,她不由对小林丰富学识和过人口才,心生敬佩和喜爱。

眼镜林很是激动,又拿出随身携带的钱币,对芸儿说:"请看,这枚钱币,就是宋赵佶的崇宁通宝(图4),上面的钱文就是瘦金体。"

图4 崇宁通宝

"哇，好漂亮的字啊。笔走龙蛇，劲瘦飘逸，简直能当作字帖了。"

"送给你，用来练书法。"眼镜林毫不含糊。

芸儿拿着这枚绝妙的"字帖"，很是感激。

接下来，眼镜林与芸儿的约会，就变得顺理成章。两人一起逛图书馆、看艺术展、品下午茶、赏中秋月，感情渐渐加深。

眼镜林很喜欢芸儿，打算再送她一枚钱币，作为爱情信物。想来想去，选了北宋的天禧通宝。

"这天禧通宝，是宋真宗和刘娥的姻缘见证，是能够代表美好爱情的古钱币。"眼镜林有些得意地说。

"这么珍贵呀。"芸儿爱惜地把它捧在掌心，开心笑着。

让眼睛林没想到的是，第二天，芸儿回赠了他礼物，竟也是一枚古钱币。

"这是康熙通宝罗汉钱啊！"眼镜林大吃一惊。

"哈哈，果然是钱币行家。这是我过世爷爷留下的，他说这钱币，是康熙皇帝的寿辰纪念币，也能代表美好姻缘。所以回送给你。"芸儿说。

"这枚罗汉钱，比起我送给你的那两枚钱币，可要贵重多了。"眼镜林不好意思收下。

"礼物不在价格，在于心意。"芸儿微笑着说。

也许是天意，也许是巧合，也许是钱币的微妙作用，就这样，这一对年轻人相识、相知、相爱，最终走到了一起。

漫漫相亲之路，每位泉友的经历或许不一样。感情与钱币，究竟孰轻孰重？答案也不尽相同。有的相亲顺利成功，有的相亲无果，有的钱币被珍藏起来，有的钱币被"十动然鱼"。但不管怎样请相信，这些离开我们的钱币，有一天终会找到归宿，所以不必挂怀。同样，只要我们心怀真爱，也终将找到属于自己的另一半。

偶得康熙通宝地支纪年钱小记

"70后"杭州泉友华哥，每次回首自己20多年前那次经历，总是感慨不已。

那时，他还是个毛头小伙，正在念书，收集钱币的喜好，也刚起步。因学校在郊区，附近就是转塘镇，所以一有闲暇时间，他就去村里刨地皮，收些钱币玩。那时村民家中，或多或少会有些古钱、铜板、银圆等老物件，而当时他正处于对钱币的狂热阶段，故每次都乐此不疲，哪怕有时买假被骗或高价被宰，也无怨无悔。

秋日里的一天，华哥来到一农户家中，房东老伯挺好客，和他闲聊几句，便到屋里拿出一串串用麻绳串好的古钱，以及一些散钱。华哥粗看一眼，大多是些宋钱和清钱，并无珍稀品种，不免有些失望。

不过，他终于发现，其中一整串康熙通宝中，有10多枚背上有"福"字。这是他一直想要的康熙宝福满汉文钱（图1）。于是，他也不管什么大福、中福、小福，只要是带"福"字的，全都买了下来。

图1 康熙宝福满汉文钱

华哥回家仔细一看,其中一枚康熙背福钱的背面穿上处,隐约还有文字,他很好奇,急忙一清理,发现竟然是一个"巳"字,也就是十二生肖中的"蛇"。问朋友后,他得知,这是一枚康熙地支纪年钱币,系康熙皇帝生辰纪念币,很是少见。这意外收获,让华哥颇为欣喜。

康熙皇帝玄烨,于 1662 年开铸康熙通宝,铸量较大、品种繁多。除宝泉、宝源局所铸的背满文康熙通宝外,还有 20 多个局的康熙通宝背满汉文钱,形制规整统一,发行量颇大。而在众多铸钱局中,唯有福建省宝福局,在铸造统一的满汉文钱之外,还在康熙五十二年(1713),适逢康熙皇帝六十大寿之时,独创性地铸行了一种十二地支(生肖)纪年钱(图 2),作为康熙生辰纪念币。其特点是钱背穿上方,铸有一地支汉文,以表示地支纪年。这类钱币作为贡钱,自 1713 年始,大约每年农历三月发行一种,铸造量甚少。可惜的是,到了康熙六十一年(1722),康熙皇帝就去世了,地支钱便停铸,这十二生肖的一个轮回,还差两年。我们以此推算,铸行的地支钱,应该有 10 种,即巳(图 3)、午、未、申、酉、戌、亥、子、丑、寅,但目前发现实物仅有 9 种,缺少"午"字。如今,该类地支钱已十分罕见,在众多古泉藏家中,几乎无人能收集齐全,可见其稀少程度。

图 2 康熙宝福局地支纪年钱　　　　　　　图 3 地支钱"巳"

但是,当时的华哥年少轻狂,他只知地支钱少见,却不懂得珍惜。他有个从小玩到大的堂哥,感情甚好,恰好堂哥也属蛇,过生日那天,他就把康熙地支"巳"字钱,当成礼物送给了堂哥。堂哥挺高兴,回赠了他一辆自行车。

堂哥对钱币,完全是个门外汉,为了讨好单位领导,便把这枚地支钱送了。怎知拍错了马屁,那位领导并不喜欢钱币,很快把它送给了朋友，换了两个不值钱的玉镯子玩玩。后来华哥知晓了地支钱的价值，这才幡然醒悟，他想追回地支钱，向堂哥问及此钱下落，却为时已晚，它早已被领导的朋友卖掉了。

好钱来得快，去得也快，华哥甚至连一张照片都没来得及拍，一个拓片都没留下，它就无影无踪了。他开始以为，世界那么大，钱币那么多，日后总会有机会淘到的，但20多年过去了，无论他如何寻觅，都再也没遇到过这种地支纪念钱，不禁让他悲从中来，后悔莫及。

时光荏苒，如今，华哥已过不惑之年。从昔日的年轻小伙到如今的油腻大叔，往事历历在目，仿佛就如昨天，却又无法回到从前。一切就如同那枚一去不复返的地支纪年钱，已覆水难收，只是空留遗憾。

玩泉路上的那些"窘事"

玩泉路上，我们许多泉友都会经历种种"窘事"，可谓遭遇各异，感慨良多。

一

金叶子（图1），系南宋金质货币的一种，钱币学家彭信威在《中国货币史》中有记载。其造型奇特、存世稀少，具有神秘魅力。

图1 金叶子

数年前，一次机缘巧合，泉友阿俊偶获一张，此"叶子"用金箔制成，薄如纸、形如书页，品相成色俱佳，还刻有铭文。

当时的阿俊年轻气盛，虽是喜欢，却不懂珍惜，他眼看这叶子很热门，市场价一度飙升，一时冲动便把它卖了。

金叶子虽顺利被卖，钱也赚了，但阿俊却高兴不起来，没了它，感觉心和身体都被掏空，难受死了。

接下来的日子，阿俊魂不守舍，饭吃不下，觉睡不好，连做梦也都是闪闪发光的金叶子。

"没想到，失去一件爱物，后果竟如此严重。"阿俊一心想追回他的宝贝叶子，可茫茫人海，何处可寻？

一晃数年过去，尽管他四处寻觅，却仍了无音讯。莫非有些缘分，错过了，即是永别？

说来也巧，前几天，阿俊拿到某场钱币拍卖会图册，不经意地翻看着，居然发现其中某件拍品金叶子，似曾相识。

"难道是自己卖掉的那片？"阿俊眼前一亮。

拍卖隆重举行，他兴冲冲赶到现场，仔细一瞧，惊喜道："没错，就是我的！"

阿俊看到它，就像看到自己失散多年的孩子一样，那兴奋与激动，已无法形容。

"莫非是自己的朝思暮想，感动了上苍？"他下决心要买回它。

竞拍现场，阿俊如同打了鸡血，拼命举牌、拼命加价。最终，他打败所有竞争对手，花费上次10倍左右的价钱，终于将他的宝贝金叶子买回。

对此，很多泉友难以理解，一时众说纷纭。

"以前卖掉的东西，现在又花十倍价，不顾一切买回来，这值得吗？"

"他疯了吗？做出如此蠢事，不后悔？不心痛吗？"

对此，阿俊只能无奈地一笑，金叶子得而失去，失而复得，其个中滋味，只有他自己最清楚。

二

泉友大彭，素有"康熙钱大王"之称，每当回忆起自己以前的玩泉（钱）蠢事，仍暗自发笑不已。

那时，他初出茅庐，藏品寥寥，康熙通宝只收集到几个普通品种，还没有罗汉钱（图2）。

一天，大彭去某个村里跑地皮，遇到一位面目慈祥的阿姨，拿出一

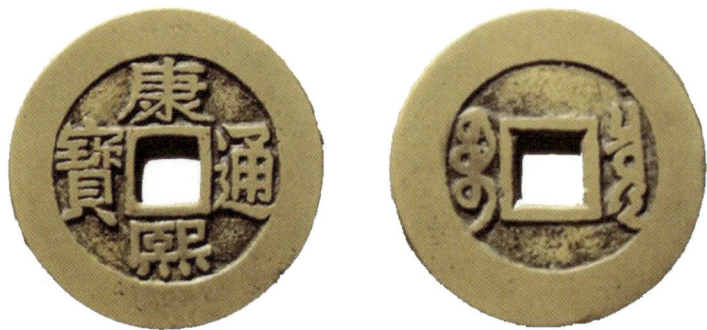

图 2 康熙通宝罗汉钱

串清代制钱。他一瞧全是康熙，便来了兴趣，迫不及待地挑选起来。

让他惊喜的是，里面竟有 10 多枚罗汉钱！

"没错，这明明是熙字少一竖的康熙罗汉钱，整整 10 多枚啊。"大彭心想："这种钱币我连一枚都没有，所以一直梦寐以求，而今天却一下子发现这么多。简直是踏破铁鞋无觅处，得来全不费功夫！"

他大喜过望，生怕阿姨认出这些是罗汉钱，便价都不还，将一串康熙钱全部买下。

捡了大漏，大彭高兴极了，一路哼着歌，小跑回到家。当天晚上，他欣赏把玩着自己的"宝贝们"，兴奋得无法入睡。

周末，大彭拿着心爱的"宝贝"到处炫耀，却被泉友们告知，这些罗汉钱都是赝品，属于高仿。这时，他才如梦初醒。

"唉，捡漏变成买假，白高兴一场。"大彭是个新手，一时兴奋，看走了眼，结果一脸窘样，哭笑不得。

三

第二套人民币中的黑色十元纸币，俗称"大黑拾"（图 3），其发行量少，流通时间短，是难得的珍稀品种。

20 年前，纸币玩家林子认识一位老藏家，他刚好有一张"大黑拾"，愿意以 1000 元惠让。

林子颇为动心，与老藏家谈妥，先付了 600 元，将"大黑拾"带回家，余款后续补上。

"大黑拾"虽到手，但他心中却忐忑不安，因为这笔钱，是父母给他用来上英语辅导课的。

回到家，父亲得知林子用上辅导课的钱买了一张面值只有 10 元的纸币，很是不悦，对他当面一顿责骂。

林子本来就怕父亲，面对严父的数落和斥责，他羞愧难当，觉得自己玩纸币是不务正业、荒废学业，辜负了父亲厚望。

图 3 第二套十元人民币

于是，他下定决心，第二天把"大黑拾"退还给了老藏家。

没想到，他自认为正确的举动，却使他从此错过了珍品。

光阴荏苒，20 多年逝去，"大黑拾"，作为名副其实的第二套人民币币王，身价已高达数十万一张，林子再也买不起了，他对当年自己做的窘事，后悔万分：

如果当年，我不听父亲的话，坚持自己的路？那么……

如果当年，我偷偷留下"大黑拾"。那么……

如果……

可是，人生无法重来，也没有那么多"如果"，很多时候，一次擦肩而过，便已成为永别。

像以上这样的玩泉窘事，还有很多很多。因为有爱，所以会窘。正是这些我们对钱币的爱与形形色色的窘，构成玩泉世界的嬉笑怒骂与多姿多彩。

　　　　漫漫人生，难免会有窘途，
　　　　玩泉之路，难免会遇窘事。

从来都不"窘"的人生，是不完整的。你说呢？

回首玩泉路上的痛苦"吃药"经历

买假"吃药"，是我们大多数泉友在漫漫藏泉路上的必修课。究其原因，有的因泉识肤浅，有的因一时冲动，有的因利令智昏，有的因交友不慎，可谓各有不同。但造成的后果却相同，那就是心痛万分和后悔不已。

"90后"泉友大宇，虽说泉龄短，但心气却高。他不屑于到钱币市场或网上等正规渠道够买正价的钱币，只钟情于砸筒子钱，碰运气、捡大漏，投机倾向严重。

一次，他遇到一些清代筒子钱（图1），有近百枚，大多是些普通尺寸的乾隆、嘉庆、道光通宝，还包括少数咸丰、光绪通宝小样，似乎很不起眼。但大宇抱着试一试的心态，买下了它们。

图 1 筒子钱

回到家，大宇迫不及待地动手砸筒子，也许是点子准，在这些不起眼的乾道嘉里，他竟然砸出好几枚宣统通宝，更幸运的是，里面还有两枚太平天国圣宝小平钱（图2）!

图 2 太平天国小平钱

大宇兴奋不已，不仅回了本钱，还轻松小赚一笔。

都说砸筒子钱会上瘾，大宇更是如此。自从尝到第一次的甜头，他便一心想靠砸筒子捡大漏、赚大钱。

这回，他一大早逛地摊时，惊奇发现一批北宋大观通宝小平、折二、折三筒子钱，它们有的两枚粘连一起，有的三五枚粘连一起，有的则数量更多。

"既然上次的乾道嘉筒子，能砸出太平天国，那么，这回的大观筒子，很可能砸出个靖康通宝（图3），如果没有的话，有个靖康元宝（图4）也行。"大宇在心里打着如意算盘。这时，围观的人越来越多，大宇急了，生怕筒子钱被别人抢先一步买走，于是，看都没仔细看，便出高价，把这些筒子钱一窝端。

图 3 靖康通宝

图 4 靖康元宝

大宇一到家，满怀信心砸开筒子，结果却大失所望。不仅没砸出靖康通宝，而且这些大观通宝（图5）中，除了几枚小平钱是真品外，折二、折三钱都是仿品。其实，这些钱币造假水平并不高，本来凭大宇眼力，是可以分辨出真伪，但他一时利欲熏心，结果花上万元买了一堆假钱，

图 5 大观通宝

被贩子狠狠宰了一刀，只得自认倒霉。

　　和大宇一样，不少泉友的藏泉之路，也是荆棘遍布，除却获得心仪藏品时的短暂满足感外，更多的是坎坷与艰辛，一次次的"交学费"，让他们伤痕累累、痛苦不堪。

　　一直在疗伤，又一直受伤，这恐怕是许多泉友的真实感受。有的泉友被伤痛击倒，从此急流勇退；但更多的泉友，选择了默默抚平伤口，吃一堑长一智，继续前行。相信他们终将迎来自己的阳光大道！

钱币"鬼市"奇谈

"鬼市",作为神秘的自由交易市场,一直是我们广大泉友心心念念的"梦想之地",也许,你与一夜成名或暴富,只差一条"鬼市"的距离。

有的泉友从未去过,它是真正"梦中乐园";有的泉友去过,交了学费,它是一生的噩梦;有的泉友去过,捡到了漏,它是成真的美梦。

一

每当泉友老胡回忆起自己的"鬼市"淘宝经历,总是唏嘘不已。

数年前,他和泉友小秦一起去河南某地区的"鬼市"(图1)淘宝。

图 1 鬼市

当晚，两人兴奋得睡不着，半夜屁颠屁颠赶到那里。原以为人会很少，可没想到，半夜三更前来淘宝的发烧友，还真挺多。

只见，有许多手电筒光束不停晃来晃去，远远望去，就如同"鬼火"一样在飞舞。

老胡此刻明白了，之所以叫"鬼市"，确实名副其实。

当然，"鬼市"并非只卖钱币，其他诸如书画瓷器、铜具印章、烟斗茶壶，甚至老皇历、连环画、旧唱片等都有，卖得很杂。

正所谓"电筒不照人脸，东西不问出处"，这些地摊，都是半夜开始，天亮就收。因为有些卖家（比如盗墓的），东西来路不正，想趁天黑好销赃。还有些不想交摊位费，纯粹是来蹭摊的，天亮就走。

老胡和小秦到处寻觅，也没遇到什么像样的钱币。他俩又逛到某摊位前。

只见，摊主帽檐压得很低，看不清他的脸和表情。

"有什么好点的钱币？"老胡问。

"有，自己看。"摊主打开一布包，语气不阴不阳，怪兮兮的。

老胡一瞧，是一些唐代史思明的得壹、顺天元宝，其中有些还带着些泥巴，感觉像是一线的货。

发现好钱，他眼亮了，急忙用手电一照，感觉得壹很"开门"，颜色浆都杠杠的。

他再一照顺天，发现泥锈满身，丑不拉几的，感觉不看好。

接着，问了一下价格，自然得壹比顺天要贵，也在情理之中。

老胡酷爱古泉，牢记着书中"顺天易得，得壹难求"那句名言，心想："既然有得壹，又这么开门，干吗买顺天呢？再说，越是价格贵的钱币，以后会涨得越快，这是收藏圈的铁律。"

于是，一向性格果断的他，立即下手，将所有的壹元宝全都买下，生怕慢了，被别人抢走。

而小秦因为买不起得壹，便只好买了几枚顺天玩玩。

老胡第一次去"鬼市"，就捡了漏，高兴坏了，回家把玩这些得壹，越看越漂亮，越看越喜欢。

谁知几天后，他拿去鉴定，得知这些得壹元宝全是高仿。而小秦的顺天元宝，倒是开门的真品。

这下老胡傻眼了，精明如他，虽记住了"钱币越贵涨价越快"，却忘了另一条铁律：越是少见的钱币，造假的可能性也越大。

"鬼市"，给了老胡深刻教训，成为他永远的心结和伤痛。

老胡的经历告诉我们：要想在"鬼市"淘到好货，其实并不容易。

手电照东西，不照不放心，一照难分清。因为天黑，往往很多钱币被手电筒一照，包浆就变色了。本来很开门的钱币，反而被误认为是赝品；本来是仿品，被灯光一照，反倒觉得开门，以为捡漏了，回去一看，才知道被坑了。像老胡这样的故事，比比皆是。

所以，真正能在"鬼市"捡漏的，那都是眼力非凡的人精。

二

泉友赵哥在钱币圈，有个雅号叫"十八罗汉"。

此号之由来，竟与"鬼市"有不解之缘。

遥想当年，赵哥只有二十出头，还在北京上大学，那天，他的女友和他分了手。

情场失意的赵哥，心灰意冷，只能借酒消愁，几杯二锅头下肚，便神情恍惚起来。

头昏脑涨的他，独自上街头游荡，走着走着，竟鬼使神差地一直逛到东五环外，边上就是某个有名的"鬼市"。

这是他平时一直想来却没时间来的地方，不想今日却能如愿。

来得早不如来得巧，"鬼市"刚开市，东西真多，老赵没带手电，便打开手机的电筒光，东瞧西看起来。

忽然，一串带着铜光的古钱，吸引了他眼球。

拿起一看，是串康熙通宝，再仔细一翻，里面还夹着些罗汉钱（图2），数量不算多，有十几枚吧。

要在平时，他最多买一两枚玩玩而已，可如今情场失意，正需要发泄，加上酒壮人胆，便索性把心一横，全都买下了。

天亮时分，酒意未消的赵哥，晃晃悠悠回到宿舍，也没细看钱币，倒头就睡。

醒来已是午后，他仍有些头昏，趟"鬼市"仿佛就如同一场梦，有些不真实，具体情况都记不清了。他一摸口袋，幸好钱币还在，说明自

图 2 罗汉钱

已确实去过。一清点，百来枚康熙通宝里，共有 18 枚罗汉钱，这些钱锉痕犹在，还带炉灰，甚是漂亮。

奇怪的是，这些罗汉钱，看着明显比普通的大出一号啊！

这下，老赵来了兴致，找来尺一量，没错，都是大个头。

原来，这是 18 枚罕见的特大样康熙罗汉钱。

"天哪，我这是捡了个大漏啊！"赵哥如梦初醒。

正所谓"情场失意，钱场得意"，从此，这 18 枚罗汉钱赵哥一直没舍得卖，成为他的招牌藏品，他因此有了"十八罗汉"的雅号。

幸运的是，后来他如愿以偿找到了生命中的另一半，或许，传说中象征吉祥安康、爱情如意的罗汉钱，真的能带来美满姻缘吧？

三

"鬼市"，能让你一夜暴富，也能让你一夜贫穷，多少年来，无数泉友为之痴迷。

有泉友在这里 100 元起家，赚了上百万元；也有泉友花费几十万元，却血本无归。

尽管不少泉友在"鬼市"栽了跟头、受了骗，但去者仍如飞蛾扑火般,其巨大魅力可见一斑。

也许,只有去过"鬼市",经历过"鬼火"淬炼,你才会拥有一双火眼金睛。

也许,只有交过学费、栽过跟头,你才会浴火重生,逆袭为王。

近年来,随着旧城改造和经济发展的加速,如今的"鬼市",越来越难觅其踪迹了。

然而,那些真实的人物与场景,那些神秘的故事与画面,将成为我们人生中的别样记忆,历久弥新。

香格里拉寻钱记

作为一名玩泉人，在我的时光卷轴里，总会藏着一些隐秘故事和有趣经历。

记得数年前，单位组织旅游，我和同事们来到云南香格里拉。早就听闻，那里老物件多，我认为这是个莫容错过的淘宝捡漏良机，因此兴奋极了。

香格里拉是神奇的地方，海拔很高，雪山耸立、河谷深邃、植被形态古怪，树上长着"白毛"。

走着走着，一行人来到松赞林寺参观，它素有"小布达拉宫"之称，依山而建，庄严华贵。殿内壁画鲜艳，古迹森然。

但说实话，我当时真没什么心思逛庙看菩萨，一心只想着淘宝呢。

走出庙堂，随着人流一路拾级而下，我终于发现沿途散布着不少地摊。趁同事们忙着拍照，我迫不及待一头扎进地摊里。

这里是藏民区，卖的东西很杂，有释迦佛像、经书、五彩唐卡、黄金灯等，当然了，大都是些仿品，哄哄人的。

也有零散古钱卖，我蹲下一看，都是些普通乾隆、嘉庆通宝之类的，并不值钱。

还发现几枚吴三桂的大利用和南明永历通宝，但在那个时候，这些钱币品种很常见，我根本看不上眼。

逛了一会，我不免有些失望，心想："看来，想买到好钱币是没指望了，只能买些杂件玩玩，权当留个纪念吧。"

在一位藏族老婆婆的小摊上，我看见一个转经轮（图1），感觉是老东西，个头大，挺别致的。

图 1 转经轮

"这个怎么卖?"我问。

"180元,不还价。"老婆婆操着当地口音说。

"啊,这么贵?"

老婆婆一听我嫌贵,便叽里咕噜说了一大通,我也没全听懂,意思可能是说,这东西好,是她祖上留下的,性价比高,劝我买下它。

我这人本就心软,看她皱纹满脸又衣衫褴褛,挺可怜的,就被打动了,鬼使神差地买了下来。

可没想到,我往前走,发现不少地摊上都有我这样的转经轮,而且价格便宜多了,卖30元、50元的都有。

"唉,买贵了,买贵了,这老太婆套路深啊。算了,就当扶贫了(当时此地尚未脱贫)。"我只好这样安慰自己。

接着,我们又去骑马,据说这是必参加的打卡项目。

我从未骑过马,凭感觉选了一匹,因为它长得挺斯文的。谁知道,马也不可貌相,我一骑上去,它便野性大发,一路狂奔起来,越跑越快。这回我惨了,在马背上拼命颠簸,它一个急转弯,便把我猛地甩了下来。

巨大的惯性,让我在地上打了好几个滚才停下来,满身泥巴,狼狈不堪。

同事们大惊失色,以为我即使没有挂,也要骨折吧。

好在我命大,除手臂擦破点皮,其他啥事没有。大家看我一拍屁股站了起来，都惊为天人。

这时我发现，原本放口袋里的转经轮，掉在地上散架了，盖子开了，里面的一卷经文也掉了出来。

我捡起它，心里嘀咕："这老太婆尽忽悠人，这玩意质量真差，还卖这么贵！"

但就在此刻，我发现地上有件奇怪的东西。

捡起一看，竟是枚钱币，上面有"乾隆宝藏"的字样（图2）。

图 2 乾隆宝藏

"咦，这是古钱吗？银的？真漂亮。"我惊讶道。

当时的我，还不知道乾隆宝藏究竟为何物。

"它是从转经轮里掉出来的，或许是夹在经卷中的，估计连那位老太婆也不知道，里面会有钱币吧。"我又惊又喜，将银币塞入贴身口袋，打算好好研究一番。

我细看该钱，发现它确属银质，手工锻打而成，精致小巧，极具西藏特色。除"乾隆宝藏"字样外，还刻有藏族吉祥云纹。在中间位置，有一个类似正方形的图框，很像古钱的穿孔，却没有打通。这一设计，可谓独具匠心。

这是我人生中获得的第一枚银质古钱币，在好奇心引导下，我查阅了资料。

原来，历史上确有此币。

乾隆年间，清政府因西藏地区流通使用尼泊尔货币的问题，和邻国尼泊尔发生了一场较为激烈的货币战争。

为了更好地维护国家货币主权，妥善解决纠纷，稳定边疆经济，造福百姓，清政府决定在西藏地区铸行自己的钱币。于是，在乾隆五十八年（1793），银钱"乾隆宝藏"便应运而生。

宝藏银钱的流通使用，深受藏汉人民欢迎，很快代替尼泊尔银币，成为主要流通货币。它抵制了境外货币的冲击，加强了我国各民族之间的往来，可谓功劳不小。

乾隆宝藏银钱，作为我国汉族与藏族文化相互融合的产物，它的诞生意义重大，存世量少，收藏价值也颇高。

所谓"塞翁失马，焉知非福"，我要由衷地感谢老婆婆，感谢野马，感谢香格里拉之行。

正是这次偶然经历，让我邂逅了不可多得的藏品，也许这就是自己命中注定的泉缘吧。

至于这枚钱币，它为何会出现在转经轮中，是驱邪，是祈福，还是保平安？众说纷纭，至今仍是未解之谜。

老藏家们：无法割舍的泉币情怀

钱币收藏，对许多老藏家来说，不仅仅是一种爱好，而是一种信仰和使命。百余年来，丁福宝、张叔驯、方药雨、罗伯昭、彭信威、戴葆庭、马定祥、陈达农等一位位钱币收藏名家和泉学大师，载于史册，灿若星辰。

也许，每个泉友都会经历从新手到老藏家的成长过程，正是我们一代代钱币人孜孜不倦、薪火相传的努力，钱币藏品才得以传承，收藏文化才得以传播，心中梦想才得以实现。

一

钱币藏家老郭，年过七旬，家中珍藏着一条几十年前的灯笼裤，虽已破旧不堪，却一直舍不得扔掉。他说，这是自己曾经闯江湖遇风险的见证。

那是 20 世纪 80 年代，老郭有空常去外地跑地皮，收钱币。

这回，有个在当地村子里做生产队长的朋友告诉他，几天前，有处老宅挖出一坛子银圆，其中发现几枚罕见的龙凤壹圆银币。

龙凤银币（图 1），系民国十二年（1923）天津造币厂铸行，据说其图案由当时在北洋政府教育部任职的鲁迅先生等人设计，内涵深奥，铸工精美，存世稀少，是近代机制币中的大名誉品。

图 1 龙凤银币（仿品）

老郭一听这消息,按捺不住激动,当即坐上汽车,长途跋涉赶到。

生产队长带老郭来到村子里,见了卖主,自己便先回去了。

卖主是当地几个村民,他们带老郭来到一僻静处,拿出宝贝给他看。

老郭一瞧,不禁头皮发麻。

的确有几枚龙凤银币,虽说品相还可以,但图案不够深峻,边轮齿印也不整齐,老郭凭眼力判断,应该是新仿的。

还有一些袁大头、孙中山船洋等,也都是仿品。

既然东西不对,老郭当然不想买。

"抱歉,这些东西我看不懂,不想要,实在不好意思。"老郭对他们说。

不料,这些人见老郭不买,就围上来,不让他走。

原来,他们是当地一帮游手好闲,专门用假古玩敲诈外地人的小混混。

老郭知道情况不妙,这些人明摆着想敲诈,要是不藏好自己的钱,那就惨了。

于是,他急中生智,借口说要上厕所。

带头的混混派了两名手下紧跟老郭,盯着他上厕所。

"我上个厕所,有什么好看的!"老郭在厕所里大声叫道。

趁两个混混正犹豫之时,他将身上携带的两万多元钱,迅速藏入自己穿的一条绒布灯笼裤裤管里,并将两个裤管全都扎紧。口袋里只留下 1000 元,用来对付他们。

等老郭从厕所一出来,那些混混又围了上来,带头的说:"老板,还在磨蹭什么,快点给钱!不然,你别想走出这个村子!"

老郭不慌不忙,将 1000 元交给他们。

"什么?你一个城里来的老板,怎么可能只带这点钱?"带头的混混叫嚣着说。

"这位小哥,你有所不知,我是市钱币学会的人,不是什么老板,来这里只想收几个钱币,做历史研究用。不可能带来很多钱。"

混混搜了老郭的衣袋和裤袋,见敲诈不出更多的钱,就只好放他走了。

老郭脱身后，经过一路奔波，终于安全到家。他脱下裤子，放好自己的钱，暗自庆幸道："唉，多亏这条灯笼裤，才让我化险为夷啊！"

二

翟老是一位"30后"老藏家，几十年来，嗜泉如命，孜孜不倦。

数年前，他拄着拐杖，在亲人们搀扶下，参加某场大型钱币拍卖会。

翟老的目标是古泉顶级名珍，价值高达上百万元的"三孔布"，这次他已备好足够资金，认为志在必得。

三孔布（图2）是战国布币的一种，因其币首和两足各有一圆孔而得名，造型奇特，数量极稀。它一上拍，便吸引了众多目光，不少买家争相举牌，竞拍十分激烈。

图 2 三孔布

翟老连续加价，但都被超越，他不甘心，又加了几次价，但还是被超。此时，竞价已破300万元大关，他不免有些心情紧张，突然，心口一阵痛，他似乎明白了什么，举牌的右手停了下来。

最终，翟老放弃了对三孔布的竞拍，他的家人和朋友们对此都颇为不解。

数年后的今天，翟老正躺在医院病床上，他年老体虚，多处器官衰弱，知道自己的时间不多了。

虽然插着好几根管子，翟老仍思绪万千：

这茫茫世间，玩钱币者虽多，然而，既有顶级藏品，又有精深研究，还具备高尚品德者，敢问又有几人？

人生在世，匆匆数十载，转眼间，自己已是耄耋之年。穷尽一生，也无法将泉品、泉识、泉德这三者做到极致。

回想多年以来，自己耗费心血，不惜财力，潜心泉学，苦寻泉币，至今虽集藏万枚之众（图3），珍泉10余品种，然而到头来，还不是要撒手永别？既然如此，曾经拥有的意义，又究竟何在？

图3 银圆（批量）

也许上次，自己放弃竞拍三孔布，算是一种顿悟吧？

翟老思绪漂浮，做了人生中最后一个梦：

他梦见自己飞了起来，飞过城市，飞过村庄，飞过每一处他熟悉和热爱过的地方。

他看到：

收藏品市场，泉友们雅集品茗，兴致正浓；

钱币地摊上，依旧人头攒动，买卖繁忙；

交流会现场，有人一掷千金，买下心仪藏品；

钱币学会里，正开展一场研讨，学者们唇枪舌剑；……

飞着飞着，他又来到自己母校，看见一群少年，站在九月新学期操场上，他们清澈的眼神仰望天空，正憧憬着无限未来；

教室里，同学们正诵读历史课本中秦始皇统一货币的章节，琅琅书声，铿锵有力，一直飘荡出窗外，如歌如诉……

看到这些情景，翟老闪烁起泪水，嘴角露出欣慰的笑……

白云苍狗恍惚间，

盈千累万是古钱。

泉学自有后来人，

吾翁何妨笑九泉？

泉兮，泉兮，

一场梦兮？

梦兮，梦兮，

今朝醒兮？

别了，我的泉币；

别了，亲人朋友；

别了，可爱人间。

（第二章）

泉识篇

钱币文明，悠悠千载。

从天然海贝到刀布蚁鼻，从方孔圆钱到银圆纸币；浩瀚的华夏文明史，造就了如星河般璀璨的钱币遗产，它们是历史的见证、文化的载体，是穿越时空的智慧汗水结晶。

我们学习泉识、了解历史，旨在感悟人生、赋能未来。

遨游泉海，其乐无穷！

中国历代古钱币简介

中国是世界上最早使用钱币的国家之一。

天然海贝是最早的钱币形式,商代晚期铸行铜贝,成为最早的金属钱币,距今已有 3000 多年。

春秋战国时期,逐渐形成刀币、布币、圜钱和蚁鼻钱四大钱币体系。公元前 221 年,秦灭六国,在全国范围铸行半两钱,自此,圆形方孔钱成为法定标准货币。

汉代铸行五铢钱,一直行用至唐初,前后历经 700 余年,系中国流通时间最长的钱币。唐代废除五铢,铸开元通宝,确立通宝、元宝的宝文钱体系。

两宋时期,钱币铸造空前繁荣,钱文书法多变,并出现世界上最早的纸币和纪年钱币。辽、金、西夏等一些少数民族政权也铸过钱币,元代则以纸币为主。

明代钱币只用通宝一种钱称,到中后期白银成为主要货币。清代钱币制度复杂多样,币种包括铜钱、铜圆、银圆、纸币等形式。此外,一些历代农民起义军政权也铸行过自己的钱币。

圆形方孔钱沿用于历朝历代,直至民国初年才被机制铜圆所取代,共历时 2000 多年。历史悠久的中国古钱币,形态独特,大小各异,品种繁复,材质多样,有着自己的铸造工艺和文化内涵,是中华文化发展的伟大见证。

泉与钱的不解之缘

每当大家看到"泉"这个字，想到的往往是一泓清澈泉水。但在历史上，它却一直是钱币的代称，作为钱币收藏者，我们一看到泉字，首先想到的，也往往是钱币。那么，泉和钱币，这看似风马牛不相及的两者，为何会有如此微妙的关系呢？

首先，我国最早的货币是天然海贝和珍珠等物，它们都是水中来客。自此，"泉"与"钱"这两者之间，便结下了缘分。

再从字形结构来看，泉字由"白"和"水"两字组成，水时常流动不停，寓意着钱币如同泉水一样，在商品交易领域里流通不息，这个比喻，可谓生动形象。

用泉指代钱币，在我国史籍中也屡有记载，如《周礼·地官·泉府》曰："泉与钱，古今异名而已。"《汉书·食货志》曰："故货宝于金，利于刀，流于泉，来与泉。"《金史·食货志三》曰："钱之为泉也，贵流通而不可塞。"可见，钱被称为泉，由来已久，古人希望钱币能够和泉水一样流通天下，也希望和泉水一样积少成多，使买卖交易兴旺、百姓丰衣足食。此外，把钱币以泉相称，多了些高雅的品位，少了些铜臭气息；也多了些诗意，少了些庸俗，是比较恰当的。

由于钱源于泉，历朝历代有不少钱币上都铸有泉字，如新朝王莽时期所铸的小泉直一、幺泉一十、幼泉二十、中泉三十、壮泉四十、大泉五十这"六泉"（图1）。货泉、布泉

图1 王莽六泉

（图 2）等钱币上，都铸有篆书泉字，笔法十分独特。

三国东吴孙权，也铸有大泉五百、大泉当千等钱币（图 3）。公元 666 年，唐高宗李治铸有乾封泉宝（图 4），1 枚可当 10 枚开元通宝，这是楷书泉字第一次出现在钱币上。到了南宋时期，孝宗赵昚铸行的淳熙元宝，其中有一套背"泉"字的折二钱（图 5）。

图 2 布泉

泉字可分真书、行书、隶书、篆书 4 种，均具有较高的艺术水平。其他带泉字的钱币，如凉造新泉、永通泉货等，就不逐一例举了。这些钱币的诞生，真可谓"泉钱合一"。

图 3 大泉当千

图 4 乾封泉宝

当今，我们往往把历代钱币，称为古泉；把钱币收藏爱好者，称为泉友；把钱币界，称为泉坛；把有关钱币的书籍刊物，称为泉刊、泉谱；把交易钱币藏品的市场，称为泉市；把出售钱币的商人，称为泉商；把有关钱币收藏的交流活动，称为以泉会友。诸如此类说法，还有很多。可见"泉"与"钱"两者之间，已经结下了不解之缘。而我们这一代人，正在逐步将历史赋予"泉"字的这层特殊意义，表现得更加多样化和淋漓尽致。

图 5 淳熙元宝背"泉"一套（背面）

趣谈中国古钱币上的"八"字

　　我国古代文化，源远流长，早在先秦时期，就诞生了数字符号，我们的祖先懂得用它们来进行演算和记事。"八"，作为其中的一个数字，它代表着尊严、权利、声望、新生和满足感等，自古以来，就一直被广泛使用。例如周易有八卦，算命有八字，带八的成语有八面威风、八面玲珑、八仙过海、八拜之交、四平八稳等，可以说"八"字已渗透到生活的很多层面。而在当今社会，"八"字因和发财的"发"字谐音，加上受港台影视剧的影响，它逐渐成为财富和成功的象征，如同数字中的明星一般，更加受到人们的追捧。

　　钱币是文化的载体、经济的映射，因此，在我国历朝历代的一些古钱币上，我们也很幸运地能找到"八"字。

　　首先，早在春秋战国的空首布上，就出现了各种符号，如数字、天干地支、地名、事物等，如铸有"一、上、日、北、田，土、武、卢氏、东周"等字。而其中出土的少数空首布上，就发现铸有"八"字。笔者收藏有一枚"八字空首布"（图1），属早期大型布，平肩弧足，长9.8cm，宽5.2cm，重39.4克，生坑绿锈，正面铭文"八"，背面无文，钱

图1 八字空首布

文清晰，体型古拙，系先秦货币之典型器。此外，在春秋战国燕国铸造的尖首刀、明刀等钱币上，也发现铸有"八"字或包含"八"字的铭文。这些铸刻在空首布、刀币、铲币上的八字，都是古篆书，它们和现代汉

字中的八,写法不同,像左右两个开口相反的半圆弧,具有苍劲、古朴大气之感,是先秦货币文字的典型代表。

公元 10 年,王莽实施第三次币制改革,铸造"十布",从"小布一百"到"大布黄千",共有 10 种,它们形状相似,但规格、重量依次递增,其中就有带"八"字的布币——第布八百(图 2),该钱形体古雅,钱文篆书精道,"八"的笔法和先秦时期显然有异,写得如同行云流水,极具个性,我们从中能看出篆书"八"字写法的演化进程。

图 2 第布八百

到了三国时期,蜀汉刘备铸行的直百五铢和蜀五铢之中,也有背面阳刻或阴刻"八"字的。后来,随着朝代更替,铸钱技术的提高与货币政策的完善,在南宋孝宗时期,独创了纪年钱币,即钱币背面铸有当时的年份,钱文字体则统一为楷书。淳熙元宝背柒钱币,系世界上最早纪年钱币,而淳熙八年铸造的淳熙元宝(图 3),背面带有"八"字,是汉字八的大写。之后南宋的嘉定

图 3 淳熙元宝背"捌"

图 4 咸淳元宝背"八"

通宝,淳祐元宝和咸淳元宝(图 4),它们背面的八字,都是小写八字。而南宋有些皇帝,当政不到 8 年,就去世了或者改了年号,故没有铸造纪年八的钱币。

明代崇祯通宝背文种类繁多,也有背带"捌"(图 5)或"八"字的,还有背带"八钱"两字的,但它们并不是纪年,也不是记值,而是记重。

清代钱币中,宝迪局的咸丰重宝、咸丰元宝有背面记值当八、当八十的品种,然数量很少,系当时受鸦片战争影响,通货膨胀,导致社会经济动荡,铜钱和白银比价波动的产物。

图 5 崇祯通宝背"捌"

除了以上这些带"八"字的行用钱之外,在我国历代民俗花钱之中,也有诸如八仙过海等带有"八"字吉语钱币的存在,这些钱币往往体型较大,刻有图案花纹等,属厌胜钱类,起福佑、保平安等作用,成为古钱币中一道独特的风景线。

此外,某些古代钱币上有类似的字符,很像阿拉伯数字 8,颇有意思。例如战国赵国布币兹氏、兹氏半（图6）等钱币,其篆书钱文中的"兹"字,写得犹如两个并排的 8 字,特别有趣,"88"代表双发,寓意吉祥,它虽然只是一个"兹"字,不是真正的两个 8 字,但许多泉友仍然喜欢把它成 8 字来看待。可见,"八"字在中

图 6 战国布币兹氏半

国古钱币上,有各种不同表现形式,可谓大观。至于近现代金属币、纸币上带有的"八"字或"8"字,那就更多更丰富,在此就不多表述了。

为何在古钱币上会出现"八"字呢? 大多数是出于计数、记值、纪年、记重等需要,故应运而生的。比如:空首布、尖首刀、明刀以及各类五铢钱上的八,主要是起计数、记顺序或计方位作用的。王莽布币上的"八"和咸丰重宝、元宝上的"八",是一种记值的手段,便于兑换和流通使用。南宋钱币上的八,大多是出于纪年需要,系宋孝宗货币改革的具体表现形式。而崇祯通宝上的"捌"或"八",是记重用途的,指重量为八分或八钱,这充分体现出明末钱制的混乱性,成为那个动荡时代的实物见证。总之,这些古钱币上形形色色"八"字的出现,主要是为

统治阶级服务的,由此可看出古代统治者们铸造货币的各种不同手段与出发点,也为我们后世的经济策略带来了启迪和思考。而民俗钱币上的八字,它们多半包含在某些成语、吉语当中,代表了老百姓朴实的意愿和祝福。当然,仍存在一些钱币上的"八"字尚不能确定其意的情况,有待我们去进一步考证,以最终揭开其神秘面纱。

当今,带有"八"字或者"8"字的古钱币,它们既是历史的见证,具有文物价值,又寓意吉祥,因此许多人们喜欢去购买它,去收藏它,变成家里压箱底的宝贝,或用来招财祈福,希望给自己带来好运。随着近年来钱币市场的不断发展,各类藏品的升值,它们一定会有更好的市场前景和艺术收藏价值,从而焕发出更加绚丽光彩。

那些见证爱情的古钱币

美满的爱情和婚姻，自古以来，一直是人们所追求和期盼的。无论是帝王将相，还是寻常百姓，都希望自己能寻觅到理想的姻缘。这种愿景，在我国历代钱币上，竟然也得到了印证。

例如，王莽于居摄二年（7）曾铸一种钱币，名"金错刀"（图1），其钱首圆形，钱身如刀，"一刀"两字用黄金错成。它形状奇异、制作精美，是我国古代唯一采用错金工艺的钱币。汉代张衡《四愁诗》

图1 金错刀

中有"美人赠我金错刀，何以报之英琼瑶"的佳句。从中可见，在当时，金错刀虽是一种钱币，却已成为男女之间互相赠送的定情信物，以表示彼此的爱慕之意。

天禧通宝（1017—1021），系北宋真宗赵恒所铸，多为小平钱（图2），光背，有数种版别。"天禧"两字有幸福、吉祥、爱情和婚姻美满之意。这其中蕴含着一段宋真宗和刘娥的爱情佳话。

据说刘娥出身卑微，是个孤女，她丈夫是个穷银匠，每天走街串巷，她在后面摇拨浪鼓拉生意，后来因为太穷，她又被卖掉。一次机缘巧合，她邂逅了当时还是襄王的宋真宗，两人一见倾心。但老皇帝

图2 天禧通宝

宋太宗坚决反对，所以后来等到宋真宗当上皇帝，刘娥才终于被接入宫中。由于她出身卑微，大臣们强烈反对她当皇后，但宋真宗力排众议，最终使她登上皇后宝座。赵恒还把当时的年号"大中祥符"改为"天禧"，而将"天禧"二字拆开，就是"二人示喜"之意。此外，宋真宗还铸造了天禧通宝，并发行天下，以此作为他和皇后刘娥两人，有情人终成眷属的见证，同时也祝福全天下的子民，都能够有情人终成眷属。

刘娥与宋真宗的爱情，生动形象地演绎了我国古代灰姑娘与白马王子的爱情故事。而天禧通宝，就是最好的实物见证。

罗汉钱（图3），是清代康熙通宝的特殊品种。它与普通康熙通宝的最大区别，是罗汉钱的"熙"字左上没有一竖，而普通康熙通宝则写为"熙"。

图3 罗汉钱

由于罗汉钱色泽金黄、铜质优良、制作精美，又蕴含着神秘的传说，故在民间，一直把它当作吉祥和幸福的象征，用它"压岁"，婚嫁"压箱"，并成为男女之间相爱的信物。情侣互赠"罗汉钱"这一风俗始于康熙年间，一直到民国还有此风俗；张相罗汉钱定情的爱情故事，也始终广为流传。新中国成立初期，出现了以罗汉钱为名的沪剧、评剧、越剧。

比如，在越剧《罗汉钱》中，农村姑娘张艾艾与同村青年李小碗相爱，互赠罗汉钱作为信物。但他俩的爱情，却引起艾艾母亲小飞蛾的反对和村里的流言蜚语。村里另一个叫燕燕的姑娘思想进步，她说服了小飞蛾，使艾艾和小碗的婚姻得到双方家长的同意。恰巧此时颁布了《婚姻法》，他们终于结成夫妻。

由此可见，罗汉钱对民间的影响力之深远。谁拥有罗汉钱，谁就拥有了吉祥、幸福、相爱到老的希冀。故近年来，罗汉钱成为越来越多善男信女孜孜以求之物，身价一度暴涨，大有供不应求之势。

此外，在历代民俗钱币中，也有些诸如吉语钱、秘戏钱等钱币，它们既是男女间情爱的见证物，也对我国民俗文化的传播，起到了推进作用。

形形色色的古钱币，之中有不少见证了古往今来的美好姻缘。在历史长河的潜移默化中，它们成为美好爱情和婚姻的信物，来表现和赞美纯真、自然、忠诚的感情，有着鲜明的中国特色。这些钱币，被一代又一代人寻觅、珍视和收藏，并且久久传承。

中国古钱币 "宝" 称知多少?

每当我们谈到古钱币,往往会把它们称作什么通宝、什么元宝,这样的称呼,究竟是从何时开始的? 又是什么原因呢? 现在,让我们一起穿越历史,来揭开这个谜团。

我国铸行钱币的历史,达 3000 多年之久。先秦时,已形成刀币、布币、圜钱、蚁鼻钱四大货币体系。公元前 221 年,秦始皇统一六国,在全国范围通行半两钱。到西汉武帝元狩五年(前 118),铸行五铢钱,流通长达 700 余年。可是,到这个时候,钱币还没有以 "宝" 字相称。

公元 621 年,唐高祖李渊铸行开元通宝,结束了自先秦以来的铢两记重货币体系,开辟了宝文钱体系,具有里程碑式的重大意义。自此,我们便对钱币以通宝、重宝、元宝等相称。

公元 666 年,唐高宗李治铸行乾封泉宝(图 1),以一当十枚开元通宝,属虚值币。该钱币突破一般模式,以 "泉宝" 命名,可谓新颖,前所未闻。该钱虽导致通货膨胀,引起百姓抱怨,流通仅仅不到一年,旋即被停,但也在钱币史上留下了属于自己的一页。

图 1 乾封泉宝

唐朝之后,历经五代十国、宋、元、明、清等政权,宝文钱币体系一直被沿用继承。当然,钱币中的宝称,最常见的还是通宝、重宝和元宝,但也有一些特例。

譬如,南宋将领刘光世于绍兴三年(1133),在江西九江铸有招纳信宝,分金、银、铜三种。"信宝" 之称可谓独特,但它非行用钱币,是当时作为策反金兵、招降纳叛的信物，相当于佩牌。

南宋宁宗嘉定年间（1208—1224），铸行嘉定铜钱和铁钱，其中铁钱的宝称特别多，除了常见的通宝、重宝、元宝这三种之外，还铸有嘉定之宝（图2）、嘉定永宝、嘉定安宝、嘉定万宝、嘉定崇宝、嘉定正宝、嘉定真宝、嘉定新宝、嘉定洪宝、嘉定珍宝、嘉定隆宝、嘉定泉宝、嘉定封宝、嘉定大宝、嘉定兴宝、嘉定至宝等20多个不同种类，可谓极富特色，让人叹为观止。至于为何有如此多的宝称，有待进一步探究。

图2 嘉定之宝

元朝顺帝至正年间（1341—1368），铸行了大钱至正之宝（图3），它和至正通宝不同，被称为"之宝"，是因为它用以代表交钞与纸币并行。该类钱币楷书直读，体型厚重，制作精良，根据币值不同，一般可分为五种。其中最大者直径达8cm，重120g左右，系我国有史以来铸行的最大行用圆形方孔钱币。

图3 至正之宝

清咸丰三年（1853），洪秀全领导的太平天国起义军定都天京（今南京），并正式开铸太平天国钱币，大小不一、品类繁多。与众不同的是，大多数太平天国钱币，不是称作通宝、重宝或元宝，而是称作圣宝（图

4），这一独特称谓，是与领袖洪秀全信奉耶稣思想分不开的，他称国库为圣库，称粮食为圣粮，而钱币当然也就称为圣宝了。其中"圣"指代上帝，"圣宝"表示归上帝所有，天下都可流通使用。各种圣宝类钱币，可谓是当时那个特殊政权下的产物。

图 4 太平天国圣宝

此外，公元 1857 年，天地会之广东首领李文茂自称平靖王，并铸平靖胜宝（图 5），其以"胜宝"为钱称，据说"胜"字系天地会各派系山堂命名专用字，也可谓奇特。

图 5 平靖胜宝

其他历朝历代各种钱币中的"宝"称，可谓不胜枚举，在此就不逐一例举了。

直到民国初年，通行我国长达 1300 多年的宝文钱体系，才被铜圆和银圆所取代，逐渐退出历史舞台。如今，那些多如繁星的宝文类古钱币，有不少留存了下来，它们成为历史长河中的实物见证，也是我们对过往每个时代的宝贵记忆。

古钱币中的神奇预言

古钱币，不仅是经济的载体，更是文化风俗的映射。我国早在先秦时期就产生了预言，后来又形成谶纬之说。预示吉凶的语言、图符、征兆，称为谶；对经典所作的预示吉凶的解释，叫作纬。谶纬在我国的流行，对钱币的铸造和流通形成了一定影响。

譬如，王莽铸行的金错刀，在古泉中一直享有盛名。当时，有人对王莽讲，刘字（繁体）中就包含金和刀，而王莽夺取的正是刘家天下，铸这样的钱币不吉利。王莽听后，便赶紧改变钱币形式，改铸了货泉（图1）。这却让刘秀钻了空子，因为刘秀起兵之地名为白水乡，而货泉正好可以拆成白、水、真、人四个字，刘秀便以此作为"自己要取而代之"的征兆。即使是在

图1 货泉

他当上皇帝之后的许多年，仍然不愿意废掉货泉这种钱币。直到建武十六年，在大臣的催促下，他才恢复铸造并发行五铢钱。可见刘秀对货泉的偏爱和谶纬对该钱币持续流通的作用。

东汉末年，政治黑暗，危机四伏。汉灵帝三年，国家开始铸行四出五铢钱（图2）。所谓四出，是指在钱币背面，有四道斜纹从穿孔四角连接外廓，这种钱币又被称为角钱。该钱的铸行，本来是有积极意义的，因为当时五铢钱已经流通两百多年了，但其在形式上基本没有变化，而这次在钱背加铸四出纹，是对以往形制的一种突破。但是它却"生不逢时"，被说成亡国之兆。当时有不少人散布言论，称此钱表示："当

权者，奢靡已甚，形象兆见，此钱成，必四道而去。"钱币既然四道而去，那么国家空虚，也必将灭亡。

图 2 四出五铢

　　南朝陈宣帝太建十一年（579）铸行了虚价大钱"太货六铢"（图 3），以一当十，引起百姓普遍不满。有趣的是，其钱文中的"六"字，写得很是奇特，就像一个人叉着腰站立着，而"太"字和"铢"字，写得像是有许多泪珠。当时有人称，这种钱文象征着将要"叉腰哭天子"。不久，陈宣帝去世，人们便认为这预兆很灵验。

图 3 大货六铢

　　安史之乱是唐朝由盛转衰的转折点。唐乾元二年（759），叛将史思明居东都称帝，铸得壹元宝（图 4），径一寸四分，以一当开元通宝百枚，成为搜刮钱财、扩充军力的手段。很快，史思明认为得壹非长久之兆，遂厌恶此钱，便改铸顺天元宝。可是，他并没有逃脱得壹钱币的"魔咒"，一年以后，史思明便被其子和部将杀害。钱币的预言又一次显灵了。

图 4 得壹元宝

　　关于我国古钱币中的预言，还有很多，不胜枚举。它们如同历史长河中的星辰般，含义久远，闪烁至今。然而，其更深层的历史意义，有待我们去做进一步探究。

探析杭州运河钱币与西湖钱币之异同

　　杭州的大运河和西湖，一直是这座历史文化名城的两大标志。古往今来，她们见证过王朝更替，哺育着劳动人民，吸引过文人墨客。同时，她们又是一个庞大的聚宝盆，千百年来，不计其数的古玩文物埋藏于水中，其中就包括历朝历代古钱币。

　　中华人民共和国成立以来，杭州大运河河道治理和西湖疏浚工程，使前所未有的大量古钱币，纷纷破水而出、重见天日。

　　那么，运河钱币与西湖钱币，它们究竟有何异同点，又应该如何区分呢？本人有幸集藏到一些运河钱币和西湖钱币，并对其进行了整理和比对。在此，不妨做一简析。

　　首先，两者都是水中出土的，属于水坑古钱币。表面均无锈色，只有嵌于字隙间的微量泥沙。这是两者的相同点。

　　两者不同之处在于，运河钱在色泽上，大多比较灰蒙蒙或者发黑，色泽亮的只占少数。让我们拿两枚北宋崇宁通宝作一对比，图1中居左者，系运河出水，色泽较为灰暗。而居右者系西湖出

图1 崇宁通宝

水，其颜色明显要黄亮一些。我有一位朋友，曾在运河划过船，从他那里，我收集到不少从运河淤泥里打捞上来的古钱，许多钱币表面不光洁，有的钱面上有粗糙颗粒，不少钱币边缘缺损或不完整，有的地章磨薄或穿透。而相比之下，西湖钱币多数都是色泽光鲜、完整无缺，且往

往文字深峻,钱币表面光洁,少有磨损,可谓颜值普遍较高。当然,这种情况也不绝对,运河中也存在着一些颜色较亮的钱币,但没有西湖中的数量多。同样,西湖中也有一些色泽发暗的钱币,只是相对较少。

为何会有这些差异?究其原因,是运河中泥沙杂质含量高,运河水比较混浊,年深日久,钱币们的颜值便受到了影响。运河水和泥沙的长期翻滚冲刷,使钱币受到磨损和缺损。加之运河水与西湖水酸碱度的差异,对钱币造成的腐蚀程度也不同,运河钱受腐蚀度往往较大。而西湖是一个相对宁静的港湾,湖泥细腻无风浪冲击,水质又较清冽,储钱环境可谓得天独厚。据调查统计,自 2000 年以来,西湖在数次疏浚工程中,出水钱币的保守数量在 10 万枚以上,而且大多钱币基本完整。这实在是一个惊人的数字。我认识一位老藏家,他竟然独自收藏了 2 万余枚西湖钱。

从出水的钱币来看,运河钱和西湖钱的品种都不少。有春秋战国蚁鼻钱,秦汉半两、五铢,以及三国两晋南北朝、唐朝、五代十国、两宋、元、明、清的各种行用钱币(铜钱、铅钱等)、花钱,甚至民国时期的银圆、铜圆等,皆有不同数量的出水。其中又以两宋钱币数量居多,有些还带有金壳包浆(图2)。而在品种上,运河钱要稍逊于西湖钱。在水中,也曾发现过如靖康通宝、淳熙铁母、龙凤通宝(图3)等大名誉品。可见,水里一直不乏存在古泉珍品或异品,有些钱币甚至还填补了我国货币考古的空白。

图 2 杭州西湖水坑钱币

为何水中会有如此丰富的钱币呢?这是因为西湖和运河是经千百年日积月累而成的。在古代,西湖是和钱塘江相连的。据地理学家考证,西湖的形成时间漫长。早在 2000 多年前的秦朝,钱塘江与西湖

图 3 龙凤通宝

的大片水域相连，宝石山和吴山还能隔水对望，那时候，西湖水随着钱塘江水时起时落，但时光流逝，钱塘江的泥沙越来越多，沉积淤塞，西湖逐渐与钱塘江分离开来。可推断，西湖在形成初期，很有可能保存了一些从钱塘江冲入的早期古钱币。而早在隋朝就开通的京杭大运河，曾一度作为通商往来的重要枢纽，船只南来北往，交易频繁，这自然少不了重要的媒介——钱币。

此外，历朝历代老百姓的日常生活和各种民俗活动，比如河边洗衣、翻船、买水（人去世后家属到河边、湖边秤水抛钱）、失足落水、钱币丢入或意外掉入等，逐渐丰富了运河和西湖中的钱币数量和种类。以上是我的粗浅认识，但杭州的西湖与运河，的确是我国两座天然的历代钱币博物馆。

绵长的古运河、深邃的西子湖，随着千百年来人们的修理加工，已变得越来越美丽。但仍然有许多尚未面世的古钱币，有待我们去进一步探索和发现。

古钱币上变化无穷的"宝"字

我国古钱币,以"宝"字相称,可谓由来已久。

早在公元 621 年,唐高祖李渊铸行开元通宝(图 1),结束了自先秦以来的铢两记重货币体系,开辟了宝文钱体系。

图 1 开元通宝

自此,我们便对钱币以通宝、重宝、元宝等相称,并一直沿用长达 1000 多年之久。

钱币被称为宝,有着种种原因。首先,"宝"作为一个汉字,本意是指有价格的收藏品,也指珍贵的东西。"宝"字在《诗·大雅·桑柔》和《诗·大雅·崧高》等文献均有记载。

此外,繁体汉字的"宝",下部大都有着一个"贝"字。而天然海贝,就是我国最原始的货币。商代铜贝,则是我国最早出现的金属钱币。可见,宝字与钱币,本身就有千丝万缕的联系,是彼此不可分割的。钱币作为流通的一般等价物,被称作宝,是相当合适的。

纵观我国历朝历代钱币上的宝字,它们在书法、字体、写法等方面,真可谓变化无穷。

我们先从书法的角度区分，钱币上主要有隶书、草书、篆书、行书、楷书等不同书法风格的宝字，以及一些少数民族文字，如蒙文、满文等，其中不少具有较高的书法艺术水准和收藏价值。如北宋崇宁通宝，系宋徽宗御书瘦金体，铁画银钩，堪称一绝。又如金国泰和重宝（图2），用玉筋篆写就的宝字，珠圆玉润、美不胜收。

图 2 泰和重宝

再从宝字具体写法上区分，以楷书宝字为例，其中比较典型的，也是最多见的宝字写法，主要有两种，一种是"尒"宝（由宀、王、尒、贝组成），一种是"缶"宝（由宀、王、缶、贝组成）。

"尒"宝中的"尒"字，由古时"尒"字演化而来，它下面的小字意为"微小"。我们可以理解为：人们所拥有相对小一些的贵重之物，被称为宝，诸如玉器、珍珠、钱币等物。

而缶，古时属于瓦器，也就是指陶罐等容器之类的物件。这个"缶"字，可理解为：把具有收藏价值的各种物品装入其中。一般来说，缶宝字体的钱币，铸行数量比尒宝要少。

此外，宝字还有其他写法，如南明铸行的永历通宝，钱文版式繁多，其中有一种"珍"宝的版别（图3），即钱文"宝"字宝

图 3 永历通宝"珍"宝版别

盖头下面是一个"珍"字，较为特别。而在清代咸丰等钱币中，也发现有"珍"宝版别。

除以上宝字写法的明显差别外，历代钱币的宝字，还存在许多细微差异。如北宋圣宋元宝有"长冠宝""钳足宝"等，崇宁重宝中有"长足宝"，宣和元宝中有"圆贝宝""巨头宝""真宣长宝"和"短宝开足"等。清代咸丰钱的"宝"字，除尔宝、珍宝、缶宝外，还分为"出头宝""宽贝宝""八足贝""人足贝""爪足贝""连足贝"等版别。另外，钱币中的"离宝"是指宝字远离钱郭之意，"省宝"是指宝字省去笔画之意。以上可见钱币上宝字的变化多端。至于钱币上宝字的其他写法，在此就不一一例举了。

如上所述，在古钱币上，同为宝字，其表现形式却很多样化，实在是妙趣横生。它的主要作用，可能是用来区分同种钱币的铸地和发行量。

直到民国初年，方孔圆钱才被铜圆和银圆所取代，逐渐退出历史舞台。但仍有不少龙洋，被称为元宝，可见钱币宝字的称谓影响之深远。

先秦钱币，来自谜一样的年代

还记得，我第一次见到先秦钱币，是在初中历史课本里。

当时，书上那些像刀、像铲子、像鬼脸一样的古怪钱币，勾起了我极大好奇。历史课老师对古代钱币略知一二，他和我们说："这些钱币，分别是春秋战国时期的刀币、布币、圜钱和蚁鼻钱，它们品种繁多，形态各异，构成了先秦货币体系。其中，布币中最珍稀的品种，是有三个孔的三孔布（图1）；最值钱的刀币，是铸有六字铭文的六字刀。"

图1 三孔布

老师的话，更让我对这些钱币无比好奇，当时，我天真地以为：三孔布，只要随便找个普通布币，再挖上三个洞不就行了吗？六字刀也一样，只要刻上六个字就行了呀？

后来，进一步了解了先秦钱币知识，我才明白，完全不是这么一回事。

先秦，一般指从传说中的三皇五帝到战国时期。这段极为漫长的历史年代。由于十分神秘和久远,对我们来说,它一直是谜一样的存在。

先秦时期货币,作为那个年代的代表性产物,有其十分显著的特点。

一、品类繁多,形态各异

我国最早的货币,是天然海贝。商代中晚期(约前14—前11世纪),出现了铜贝,成为最早的金属铸币。春秋战国时期,社会经济和商品交换的发展,逐渐形成了刀币、布币、圜钱、蚁鼻钱四大货币体系(图2)。

图 2 先秦各种钱币

除以上品种外,还存在鱼型币、戈型币、桥型币(图3)等特殊形状的钱币,对于它们是否应定为货币,目前学界还存在争议。

图 3 桥型币

二、铸工独特,百花齐放

先秦钱币铸造方法比较原始,大多用浇铸法制成。

在铸造过程中,浇口及边缘常有铜液渗出,往往不进行锉磨加工,而呈现自然状态。所以说，很少有完全相同的两枚先秦钱币。

比如，两枚同一品种的安阳布币，粗看差不多，再仔细一看，总会发现有细微差异。

这也是泉友们集藏先秦钱币的一大乐趣所在。

三、钱文神秘，有待考证

先秦钱币上的文字，多是古篆书，风格朴拙大气、随性不羁，且复杂多变。要知道，这些钱文与写在竹简、布帛上的文字，又有不同。

一直以来，破解这些神秘文字，是众多考古专家和学者的一项重要又艰巨的任务。

虽然，经过长期努力，不少文字获得破解，但有些文字，至今仍是未解之谜。它们的神秘面纱，有待后人去揭开。

公元前 221 年秦始皇统一六国，将圆形方孔的秦半两，定为全国流通的法定铜钱。自此，刀币、布币、圜钱、蚁鼻钱等钱币便退出了历史舞台。

然而，浩如烟海、变化无穷的先秦钱币依然极具魅力，一直吸引着无数泉痴。无论你如何集藏，如何研究，也无法完全看清它们、吃透它们。面对先秦泉识的海洋，你会发现自己永远只是个小学生而已。这正是那个谜一样传奇年代钱币的魅力所在。

各位泉友，既然先秦钱币如此魅力无穷，那么就让我们一起，在先秦泉海中尽情遨游、快意人生吧？

古钱币"戏精"与"千面佳人"

公元前 221 年，秦始皇统一货币制度，废除刀币、布币、圜钱、蚁鼻钱等各类货币，将圆形方孔的半两，定为全国流通的法定铜钱。

于是，那个钱币形态各异、百花齐放的先秦时代，已离我们远去了，圆形方孔钱在我们历史上流通了 2000 年之久。

接下来的数百年时间里，半两与五铢这两种钱币，成了主角。

半两（图1），跨越战国、秦、汉几个不同历史时期，流通上百年之久，充盈着秦汉气韵，其钱文多变、品貌种类异常丰富，故有古钱币"戏精"之称。

图 1 各种半两钱

比如，有些半两上的篆书字体，如神来之笔，暴字、奇字、怪字等，层出不穷，令人迷醉。

有些半两，铸工简约，呈"原生态"，其边缘还残留着浇铸时挤出的多铜（毛边），形态十分古怪有趣，如"灯笼半两"（图2）。

图 2 灯笼半两钱（背面）

有些半两直径长、重量足、体型硕大，可谓霸气外露。

五铢，西汉武帝元狩五年（前 118）开始铸行，至唐高祖武德四年（621）发行开元通宝，方才废止，前后历经 700 余年，是我国历史上流通时间最久的货币。其版别品种、大小轻重变化多端（图 3），使人眼花缭乱。相比半两的粗犷大气，五铢更显圆润秀美，故被称为古钱币中的"千面佳人"。

图 3　各种五铢钱

在从西汉到唐初的漫长岁月里，出现了各类五铢钱币，有西汉五铢、鸡目五铢、剪边五铢、金五铢（图 4），东汉五铢，蜀汉直百五铢，曹魏五铢，北魏太和五铢（图 5），永安五铢，北齐常平五铢，南朝梁五铢、陈五铢、铁五铢，隋五铢，等等品种，可谓不胜枚举。

由于半两与五铢的独特魅力，许多集币爱好者成为它们的拥趸。比如泉友小张是半两和五铢迷，总是梦想有朝一日，能成为铢两大神，

图 4 金五铢

图 5 太和五铢

为此,他一直在做准备。

为了能把铢两玩好、玩精、玩透,小张下了不少功夫。业余时间,他比对图谱、研究版别,忙得不亦乐乎。

随着过手铢两增多,小张沾沾自喜,自以为阅遍半两,玩遍五铢,便开始以"大神"自居。

直到有一天,他加入铢两协会,认识了一群"发烧友",他才发现,原来"天外有天,泉外有泉"。在群里,随便一个铢两、一个版别,就会把他难倒。他恍然大悟:原来自己以前所见过、玩过的铢两,只是冰山一角!加入铢两协会,才发现了自己的渺小。

据学者估计,历代半两与五铢,铸行量超过上百亿枚之多。无论我们怎么集藏,怎么研究,都可能会有漏网之鱼,随时进入我们的视野。

秦风汉韵半两钱,长寿润美五铢钱,它们铸行量不仅多,而且为中国货币史写下了浓墨重彩的一笔,具有无法撼动的历史地位与艺术收藏价值。

古钱币中的"双子星座"

　　唐朝末年，社会动乱。在短短 53 年中，各种政权走马灯般更替。但就在这个激荡着战争风云的年代里，升起了一对夺目的"双子星座"。两位在乱世中并肩开拓天下的年轻人，一先一后照亮了史册。他们就是周世宗柴荣和宋太祖赵匡胤。

　　传言此二人，年少就相识，一起从戎，当时柴荣 29 岁，赵匡胤 23 岁。由于意气相投，他们最终结拜为兄弟，柴荣为兄，赵匡胤为弟。更加巧合的是，两人先后当上皇帝时，都刚好是 33 岁。

　　回顾历史，公元 954 年，柴荣建立后周，成为周世宗。在其当政的 5 年里，他励精图治、南征北战，巩固了政权。虽然他 38 岁英年早逝，未能实现扫平天下的愿望，但他的文治武功，使他有幸成为结束中唐以来 200 多年割据动荡局面的决定性人物。而赵匡胤在 960 年，以陈桥驿兵变方式夺取后周政权，延续和发扬柴荣制定的策略，最终一统天下，迎来文化灿烂的赵宋王朝。

　　柴荣与赵匡胤，分别铸有周元通宝与宋元通宝。

　　柴荣于显德二年（955），废天下佛寺，毁铜像铸造周元通宝钱，其形制仿唐开元钱，八分隶书，制作较精良。钱文整肃端庄，一般为小平钱，直径 2.4—2.5cm，重 3.5—3.7g。钱背部有星号、月纹、横纹等，分布于钱背穿孔的上下左右。

　　周世宗是位思想开明的君主，为了筹措军饷、安抚百姓，他大胆地提出毁铜像铸造钱币，以造福天下，这在当时遭到不少人的反对。柴荣力排众议，使这项措施得以顺利进行，这在我国乃至世界史上都少见。与此同时，这也给此钱平添了几分神秘色彩。

由于周元钱大多为毁铜像所造，传说佩戴它可治疟疾，妇人手握此钱，可治难产，故一直为民间所偏爱，其在中国钱币史和宗教发展史上都产生过重大而深远的影响。

赵匡胤在建隆元年(960)，铸造宋元通宝，是国号加宝文的国号钱，也是宋朝开国钱币，直径 2.5cm，重 3.6g 左右，钱币样式沿袭周元通宝成规，一般为小平钱。钱文顺读，仿八分隶书，有铜、铁两种，背有星、月、横纹数十种，更有广穿、右挑元等稀少品种。宋元通宝系北宋代表性钱币之一。

周元通宝与宋元通宝，广大泉友在市场上不难见到。有心者若加以比对，就会发现，两种钱颇为相似，特别是小平钱，两者的大小、重量、文字风格，以及钱背的星、月、横纹，都有异曲同工之妙，除了一些特殊版别有差异外，其余大多如出一辙。这就好像柴荣与赵匡胤的兄弟关系一般，所以，周元通宝与宋元通宝，也可谓我国古泉中的"双子星座"。

图 1、图 2 为周元通宝与宋元通宝，其背面有星、月、横纹各 16 种（分别是上星、下星、左星、右星、上月、下月、左月、右月、左上斜月、左下斜月、右上斜月、右下斜月、上横杠、下横杠、左横杠、右横杠），这些标识系当时的炉记。诚然，更有其他种类炉记，诸如背双星、背星月等，总数不下 50 种之多。

或许是因为和柴荣是结拜兄弟的关系，赵匡胤在当皇帝后，并没有像许多开国君主一样，将前朝皇室斩尽杀绝。他保留了后周柴荣家族的血脉并善待他们，并继承后周的很多政治经济体制，这从他铸造的钱币上，也可以看得出。历经千年沧桑，那些尔虞我诈、孰是孰非，早已依稀模糊，然而，周元通宝与宋元通宝，却留存了下来，成为那段历史的最好印证。

图1周元通宝（正、背面）

图 2 宋元通宝（正、背面）

南宋孝宗皇帝，钱荒的救星

淳熙钱币，一般分为淳熙元宝和淳熙通宝，系南宋孝宗淳熙元年至十六年（1174—1189）所铸。币质一般有铜、铁两种（图1），分小平、折二、折三样式，文字版别众多。淳熙元宝自淳熙七年起，背面添加纪年，铁钱纪监名兼纪年。

图1 淳熙元宝 铜（左）/铁（右）

该钱币最大的特点，是种类异常复杂，据本人不完全统计，光是折二淳熙元宝铜钱就有30多个不同品种，而铁钱则更多，有上百种，钱文书法有真书、行书、隶书、篆书等，可谓集各家之大成，实在惊人。再加上品种也不算少的淳熙通宝，可见，淳熙钱币的品种总数，多得简直无法统计。

南宋系北宋灭亡后，皇室南迁建立的政权。由于偏安江南一隅，缺乏铜材，故铸造钱币的数量和种类远不如北宋。可是，为什么淳熙钱币会如此数量丰富，品类繁多，铸造又精良呢？这与该钱币的主人——南宋孝宗皇帝，是紧密联系在一起的。

南宋孝宗赵眘（shèn），系赵构的养子，是南宋第二位皇帝，也是公认南宋最有作为的皇帝，他于1164年即位，在位27年，有隆兴、乾道和淳熙三个年号，都分别铸造过钱币。他当政时，励精图治、积极进取，成功为岳飞冤案平反，开展北伐，并惩治贪污，赢得老百姓好评。

然而，此时的南宋，面临着由于长年战乱所导致的混乱经济状况，特别是钱荒问题，日趋严重，铜钱流通量远远不能满足市场需求，这给人民的正常生活和商品贸易发展，造成极大困难。

当时，采矿业遭到严重的破坏，采冶人员锐减，导致铜钱产量大大减少，例如铜矿产地信州铅山，遭到严重破坏，绍兴十二年，炼铜只有八九万斤，开采量较之北宋"十无一二"。由于"铜料不继，鼓铸日稀"，绍兴初，岁铸才及八万缗。所铸钱币量远远不能满足商品交换的需要。而铸钱成本又大大提高，铸钱一贯要用二贯多的代价，许多钱监入不敷出，叫苦连天。

此外，铜钱外流情况十分严重，大量的铜钱，流往周边少数民族地区和海南诸国，同时，民间私铸钱币行为也日益猖獗。于是，钱荒现象，逐渐成为重大灾难，并直接影响南宋王朝的政权稳定。

为解决这棘手问题，孝宗采取了一系列措施。

一是努力增加铜钱产量。孝宗不怕钱荒这块烫手的山芋，首先从开采矿山和冶炼入手，提高生产者们积极性，鼓励其多卖铜给国家。献铜多者，政府可酌情奖励，还可免除差役。孝宗在位，历时27年，所铸铜钱较多。在隆兴元年，"诏铸当二钱，如绍兴之初，乾道、淳熙……皆如之"。经统计，孝宗时期的铜铸币有隆兴元宝、隆兴通宝、乾道元宝、乾道通宝、纯熙元宝、淳熙元宝、淳熙通宝等数种，面值除小平、折二两种外，还发现有乾道通宝大铜钱、淳熙元宝折三钱等品种，可补史之遗。当然，论铸造数量和品种最多的钱币，便是淳熙元宝和通宝。它们给南宋货币流通，输入了新血液。

二是严禁铜币外流和私铸。孝宗下诏严禁外流，如有铜钱泄漏，一旦发现，追究守官责任，并从重处理。对铜钱的铸造质量，孝宗也相当重视，把其作为奖惩官员的标准，并严厉处置私铸钱币者。

三是推行铁钱和纸币。早在乾道年间，孝宗就下令，凡在江北（如两淮地区）流通的铜钱，全部换成铁钱或纸币。铜钱则输送到江南地区使用，如建康、镇江府等处。这样就在南宋北部，形成一个广阔的铜钱隔离区域，在该区域内，只流通铁钱和会子纸币，这就有效阻止了铜钱的北流。这就是为什么我们南方泉友较难收集

图 2　淳熙通宝铁钱

到南宋铁钱，而北方泉友较难收集到南宋铜钱的一个重要原因。在该项新政策的激励下，许多铁钱（图 2）便应运而生。如 1984 年江苏高邮出土的南宋铁钱，数量很是巨大。特别是淳熙铁钱，品种之多、成套性之强，可谓奇观。

四是发行纪年钱币。孝宗自淳熙七年始，开天辟地发行纪年钱币。淳熙元宝背"柒"铜钱（图 3），系世界上最早的纪年钱币，比后来欧洲的纪年钱币早 300 多年。

图 3 淳熙元宝背"柒"铜钱

此后，孝宗每年都有铸行，现今发现的淳熙元宝纪年铜钱，有自淳熙七年至十六年（1180—1196），铁钱则纪年、纪监名，或既纪地又纪监名，以此与铜钱区分。钱文则逐渐统一为宋体楷书，对钱逐渐停铸。纪年钱币的出现，使每一枚钱币都有了明确的年代标识，这是我国钱币史上的一个里程碑，具有划时代的意义，值得我们后人去珍视。而铸造纪年钱币的另一个出发点，就是能够区分出每一年所铸的钱币，便于统计数量，还可以一定程度上避免官员们在上缴给朝廷每年的新铸

币时,用往年旧钱来"以旧充新"的造假现象。此外,它对抵制私铸钱也起到了作用。能想到如此聪明的策略,可见孝宗皇帝为了对付"钱荒",真是用心良苦。

综上所述,宋孝宗在总结前朝货币制度的基础上,大胆改革,采取一系列强硬措施,开源节流,在南宋统治区内,实行多种货币体制共存,划界流通,并将官吏的奖罚升降与货币政策相结合,确保各项货币政策的实施,逐渐使南宋经济走上稳定发展的轨道。

南宋能出现这么一位造钱高手,是百姓之幸,孝宗也毫无疑问地成了南宋"最有钱"的皇帝,他当政时期,社会富庶、人民安居乐业,历史上被称为"乾淳之治"(乾道、淳熙是孝宗的年号)。

淳熙钱币虽然存世量多,但由于品种纷繁复杂、眼花缭乱,且多寡不一,如淳熙元宝"顺点熙"版别,隶书版别,折二背大泉、中泉、小泉、篆泉、折二背正、折三钱、淳熙铁范铜钱(图4)、铁母钱以及纯熙元宝等种类,都相对少见,故很难把淳熙钱币收集齐全,这往往让集藏者们有望而却步之感。然而,它的这种特点,正是宋孝宗货币政策的最真实体现。淳熙钱币的应运而生,在一定程度上缓解了钱荒问题,挽救了南宋王朝。

图4 淳熙通宝铁范铜钱

解析南宋淳熙元宝背"泉"铜钱

　　淳熙元宝，系南宋孝宗皇帝赵眘，在淳熙年间（1174—1189）所铸。其品种多样，版别复杂，一般分铜钱与铁钱两种。铜钱较常见者为背纪年钱，从淳熙七年至十六年及光背者、上月下星者等。另有一种较少见的淳熙元宝折二背"泉"字铜钱，泉字有大中小之别，钱文又可分为真、行、隶、篆四种书体。可谓颇具特色。对此笔者不妨做一简要分析。

　　泉字，一直以来是我国历代钱币的代称，象征着钱币如同流水一般在商品领域中流通不息。因此，在钱币上铸泉字，意味深长，如新莽时期的六泉，三国东吴的大泉五百、大泉当千，唐朝高宗李治的乾封泉宝，等等钱币上，都铸有泉字。

　　淳熙元宝背"泉"铜钱，各具特点。其中，小泉面文真书，笔画正气，略带飘逸；中泉面文行书，流畅自如，蕴含遒劲；大泉面文隶书，端正大方，不失秀丽（图1）；篆泉（图2）钱文篆书，古朴苍劲，气势不凡，且铸量最少。

图1 淳熙元宝背大、中、小泉

图 2 淳熙元宝背篆书"泉"

　　南宋初期，在铸钱形制风格上，基本承接了北宋遗风。特别表现在各种年号相同，却钱文书法各异的对钱上。如初期的建炎、绍兴、隆兴、乾道等钱币，至少有两种以上的对钱。而到了淳熙七年（1180），情况有所变化，国家开始铸行单一的纪年钱，之后逐步停止铸造其他年号的对钱。由此可推断，在淳熙初期，恰好是铸钱版别最多，对钱鼎盛之时。

　　泉友们都知晓，北宋太宗的淳化，至道元宝有真、行、草三书体对钱，而淳熙元宝折二背泉铜钱，已超越前者，形成真、行、隶、篆四书体对钱。这在对钱中是绝无仅有的，可谓达到了历史巅峰。此外，还铸行了背"泉"的淳熙铁钱。

　　据考证，淳熙元宝背"泉"四种书体对钱，系同一钱监，即当时的浙江严州神泉监（今浙江建德）所铸，可见它们属于记监钱币，"泉"字即神泉监的简称。淳熙背"泉"铜钱，虽未表明铸造年份，但根据其文字大小及书体的变化，可推测出其在铸行上，应该有先后之分。笔者认为，淳熙元宝光背钱，系淳熙初年（元年、二年）所铸，而四泉淳熙元宝，在光背钱基础上有所发展，可初步推测是在淳熙七年之前所铸。

　　正所谓，相同中求变、变化中求同，乃艺术之精髓。这在淳熙四泉钱币上，也得到了良好体现，它们书法纯熟，各具神采，古韵盎然，美不胜收，系我国南宋钱币，特别是对钱中的精品珍吕，有较高艺术欣赏性和收藏价值。

捡漏南宋淳熙元宝
"顺点熙"钱币心得

　　南宋钱币，形式多样，自成一派。高宗、孝宗早期，承袭北宋钱制，主要发行对钱。孝宗淳熙七年（1180），国家开始取消对钱，钱币文字也逐渐过渡为单一的楷书，并出现了世界上最早的纪年钱币。之后，南宋便一直铸行纪年钱，这也成为南宋钱币的一大特色。

　　一般来说，南宋纪年小平钱有88枚，折二钱有87枚，很多泉友喜欢将它们收集成套，以此为乐趣，这当然不失为一种收集方法。但要知道，纪年钱并不是由同一个钱监铸造的。我们只要细心观察，就会发现，看似相同的纪年钱，它们在钱文写法上，其实也有着细微差异。

　　比方说，普通淳熙元宝折二纪年钱，一般背纪年从淳熙七年到十六年，共10枚（图1），不难集齐。但另有一种版别，由于其钱文"熙"字的四点，全朝一个方向，故称"顺点熙"（图2）。因其风格独特，我

图1 普通淳熙元宝一套

118

图2"顺点熙"淳熙元宝

们要把它和普通淳熙元宝区分出来,绝非难事。

文字,是区别不同钱监的方法,留在钱币身上的这些特殊记号,表明它们是由多个不同地点铸造的。如果能将相同铸地(文字)的,组成一套纪年钱,这样的收藏,难度就较大,更具挑战性,也更有趣味。

"顺点熙"淳熙元宝折二纪年钱,背"七"到"十六",共10枚。

它们由同一钱监铸造(据说是当时严州的神泉监,今浙江建德市梅城镇内),出土或传世,都相对少见。图3即是一部分顺点熙淳熙元宝。此外,另有一种背"泉"字的淳熙元宝折二钱,有小泉、中泉、大泉、篆泉之分,其中背小泉淳熙元宝的钱文"熙"字,也是明显的顺点熙。

相同中求变、变化中求同,乃艺术追求之高境界。这在淳熙钱币

图3"顺点熙"淳熙元宝

上，得到了良好体现。"顺点熙"虽少，但并非珍品，杭州在旧城改造和西湖、运河清淤中，陆续发现了大量南宋钱币，这对于泉友来说，可谓难得机遇。只要执着寻觅，持之以恒，想从普通南宋记年钱币中，捡漏一套淳熙元宝"顺点熙"纪年钱，是完全有可能的。此外，南宋钱币文字和版别极其丰富，我们在捡漏中，说不定还会有其他收获。

我们大多数平凡的钱币收藏爱好者，也许无缘获得大珍品，但只要细心观察、善于比较、勇于发现，就依然会在钱币收藏之路上，不断收获惊喜。

趣谈元末起义钱币之翘楚
——徐天启通宝

　　徐天启通宝，系元末农民起义军领袖徐寿辉迁都汉阳，改元天启期间（1358）铸造的，距今已有700多年。其钱文为天启通宝，为了和明朝的天启通宝区分开来，被后世人称为"徐天启"。

　　回顾历史，元顺帝至正十一年（1351）八月，以贩卖布匹为业的湖北罗田人徐寿辉，在蕲水（今湖北浠水）起兵反元，他因长得帅、颜值高，被众人公推为首领，起义军以红巾为号。同年十月，徐寿辉称帝，国号天完，建立了元末第一个农民起义军政权。"天完"的寓意，有压倒大元之含义。天完政权打击官僚豪富，赈济受苦贫民，深得广大民众拥护。后因元朝政府镇压，寡不敌众，起义军战败。于至正十八年（1358），徐寿辉改元天启，铸天启通宝。次年，迁都江州，改元天定。后来，徐寿辉被自称"汉王"的部将陈友谅杀害。

　　作为元末起义钱中之翘楚，徐天启通宝数量本来就少，加上朱元璋当政后，对其收缴销熔，就变得更加稀少，往往长年湮没于市井之中，鲜有人能辨识。但有趣的是，最早发现徐天启钱币的，竟然是在明朝的皇宫。史书记载，明天启年间，有人从宫中司钥库翻出几枚天启通宝，这些天启钱大小不一，看起来年代久远，且铸造风格与本朝钱币完全不同。便将其呈献给大臣们鉴定，不料饱读诗书的阁老大臣们竟面面相觑，最后用"天降祥瑞"给这件事做了定性，还大宴一场以示庆贺。司礼李永真、向若愚多了个心眼儿，事后查阅历代史籍，才惊讶发现，原来天启年号，并非本朝独有，北魏元法僧、南朝梁萧庄、南诏劝丰祐、元末徐寿辉等都曾用过。而这次司钥库里发现的天启通宝根本不是什么"天降祥瑞"，其实就是徐寿辉所铸的钱币。明朝天启时期君臣之荒唐无知，可见一斑。

徐天启通宝，与龙凤通宝、天佑通宝、天定通宝、大义通宝，被称为元末农民起义钱币"五虎将"，而徐天启又是其中最稀少的，它的历史价值和收藏价值之高，自然不言而喻。该钱质地一般为紫铜，式样有小平钱、折二钱、折三钱三种，钱文有楷书和篆书两种，由于从发行到停铸，仅经历了不到一年，因此较为珍稀，尤其是篆书徐天启，为可遇而不可求之神品，被列入古泉五十名珍，一直被广大泉藏家所追踪。关汉亨先生所著《中华珍泉追踪录》中，就有对篆书徐天启折二钱的踪迹记载，该书称在他著书之前，仅发现过4枚。在19世纪清道光年间，曾首次发现1枚篆书徐天启折二钱，后来不知去向。清末民国时期，先后发现3枚篆书天启通宝折二钱，其中前二品尽归张叔驯收藏，后一品为罗伯昭所得。此外，2007年，浙江桐乡发现了一枚篆书徐天启折二钱。2009年岁末，桐乡又发现了篆书徐天启小平钱。

由于楷书徐天启通宝和明代的天启通宝钱文相同，在钱币知识尚不普及的时代，往往被混为一谈。例如，大收藏家丁福保在他的《历代古钱图说》中记载：有个叫马爱林的人，有一天和好友姜怡亭在路上相遇，互问所得。姜拿出一面唐镜，精美异常，而马拿出一枚天启钱，品相不好。姜说："咱们交换吧！" 马欣然从之。后来当马爱林得知那是一枚元末徐天启钱时，后悔莫及，说姜怡亭欺骗了他。

那么，我们该如何区分徐天启（图1）和明天启（图2）这两种钱币呢？

其实很简单，二者有三点明显不同之处：

（1）钱文字体不同，最为显著的是楷书徐天启钱币上的"啓"字，

图1 徐天启通宝

图 2 明天启通宝

非常特别,第一笔成撇与第二笔紧连作"户"状;而明天启的"启"中的"户"字第一笔是一点,或者是一横。

（2）形制不同。徐天启钱币受元代至正钱币的影响,钱廓略细,遗元钱风韵,而明天启钱廓较阔,这也是明代后期制钱特点之一。

（3）质材不同。徐天启为青铜质,略呈红色;而明天启绝大多数为黄铜质,略呈黄色,极少呈紫色。

大家只要掌握以上三点,就不难区分这两种天启钱币。

就种类而言,徐天启楷书小平钱版别较为丰富,有小样、中样、大样之区别,字体也分粗字和细字,其钱文书法之美,被表现得淋漓尽致,让人叹为观止。而楷书折二、折三钱的版别虽相对较少,但书法依然秀美端庄,不失名家气势。笔者藏有一枚徐天启通宝楷书小平钱,直径24.6mm,厚1.84mm,生坑,钱体泛红,带朱砂锈,钱文生动,天字一捺特别长,字口深峻,系当时初铸品。

徐寿辉和明朝开国皇帝朱元璋是同时代的人,一心颠覆元朝,不惜艰苦奋斗。后来他为争天下,与朱元璋不共戴天,自身终被消灭。不承想,时隔仅200余年,由于昏庸与无知,朱元璋的后代袭用了其祖先死对头的年号。这真是莫大的讽刺。

浩瀚的华夏历史,总是给我们恰到好处的教育和启迪,这在小小的两种天启通宝钱币上,得到了多么明显的印证。它们成为我们后世人宝贵的物质文化遗产,值得去永远珍视。

杭州半山镇发现的明朝
大中通宝背"浙"钱币赏析

20世纪90年代初，在浙江省杭州市北郊半山镇石塘村，曾出土历代古钱10余斤，其中就包含了全套大中通宝背"浙"钱币（图1、图2）。

图1 大中通宝背"浙"套钱（正面）

图2 大中通宝背"浙"套钱（背面）

笔者有幸目睹此套钱币，其生坑绿锈，文字俊美，系明太祖朱元璋所铸，又极具浙江特色。

大中通宝是明太祖朱元璋极具代表性钱币之一，其一般为青铜质地，圆形方孔，楷书直读。钱文古朴大气，从中可感受到朱元璋的雄才与野心。大中钱币大多制作精良，品类繁多，然而，它的铸行又可分为两个阶段。

第一阶段：指朱元璋称帝之前所铸的大中通宝。龙凤七年，即元至正二十一年（1361），朱元璋设置应天府宝源局，开铸大中通宝钱币。该钱颁行五等钱制，即小平、折二、折三、折五、折十，形制、大小与元朝至正通宝大致相当。光背计值钱折五以下均无背文，折十钱面值最高，在钱背上铸有"十"字。

当时元末乱世群雄割据，朱元璋并不是第一个立号铸钱的人。大中通宝开铸以前，就有张士诚的天祐通宝、徐寿辉的天启通宝和天定通宝、陈友谅的大义通宝以及韩林儿的龙凤通宝。在这阶段铸造的大中通宝，可归为元末义军钱币，因为它是在农民起义中产生的，是反抗元统治秩序的手段之一。

第二阶段：朱元璋称帝之后，在洪武四年（1371），再次铸造大中通宝。该钱样式仍然是小平、折二、折三、折五、折十，共五等。不同的是，这次铸的钱，背面有各省的局名，如铸有北平、豫、济、京、浙、福、鄂、广、桂等字，每局有五等。小平钱背面大多数只有局名，折二以上钱有些还铸有数目字，如广西铸的折二钱则为桂二，福建铸的折三钱则为福三。初尚龄《吉金所见录》引《泳化编》云："洪武中，铸大中通宝钱，与历代钱兼用。"这皆涉及洪武初铸大中钱之事。足见前人已注意到，大中通宝钱鼓铸有先后之别，只是未揭其差异。唐石父在《中国钱币学辞典》中也指出："大中钱凡有背文者，除折十单纪值一种外，皆后铸。"而某些地方发行的大中钱，数量很少，只作为纪念性质，以此来彰显朱元璋的丰功伟绩，故十分珍稀。

根据以上分析，我们可以推断出，大中通宝背"浙"钱，很显然系朱元璋称帝后所铸，该钱铜优质精，品类分为小平、折二、折三、折五、折十，一共五等。小平钱到折五钱，正面钱文楷书直读，背面穿上都铸有"浙"字，以记地名，表示浙江铸造。而折十钱背面铸"十"，穿下铸"浙"，系既记值，又记地。此套钱币在浙江铸行，具有明显的地方特色。其正面钱文大中通宝四字，与其他地区铸造的相比，粗看相似，但仔细分辨，就会发现有所区别。而同样是大中通宝背"浙"钱，又有粗字、细字、薄肉、厚肉等版别之分。其发行数量，比一般的光背大中通宝要少很多。特别是大中折五背"浙"、折十背"十浙"这两种钱，如今已不可多得，具有较高的历史价值与收藏价值。

此次半山区出土的钱币，下限至洪武，而且埋藏得不深，故很可能系"洪武窖藏"。

为何会出现洪武窖藏呢？这是因为在洪武十六年，明朝政府开始通行纸币，名叫"大明通行宝钞"。明太祖朱元璋下令国内禁止流通铜钱，他还规定 7 天之内，老百姓必须把铜钱兑换成纸币，如果被查到的话，要坐牢，甚至杀头。但老百姓们还是喜欢用铜钱，不喜欢用纸币，于是许多老百姓偷偷摸摸地把铜钱埋到地下。

过了很多年，铜钱还是不能流通，于是就有很多铜钱一直被埋在地下，直到 600 多年后的今天，才重见天日。收藏界便把这批钱币称为"洪武窖藏"。

在浙江省内，"洪武窖藏"出土已经不下 20 次，杭州市余杭区，嘉兴市海宁市、桐乡市那一带特别多。1970 年，余杭出土过一次上千斤的。2011 年紫金港路某工地曾出土了中华人民共和国成立以来杭州最大一次"洪武窖藏"。

大中通宝钱文遒美，风格独特，极具元末明初的气韵。明朝开国后，大中钱仍在铸行，它与洪武通宝共同使用了较长一段时间，称其为明朝钱之肇祖当之无愧。本次杭州半山镇出土的全套大中通宝背"浙"钱币，对研究浙江当地铸币情况与货币政策，提供了可靠有力的实物依据，值得我们做进一步探究。

戏说明朝武宗与正德通宝

　　明朝武宗朱厚照（1491—1521），是大明第10位皇帝，年号正德，在位16年。其崇尚武略，曾立过战功，平过叛乱，却又贪杯好色，东游西幸，因此人们对他的评价褒贬不一，是一位颇具争议又富传奇色彩的皇帝。

　　有趣的是，正德皇帝在位时间虽长（1505—1521），却一直未铸行钱币。我们平时见到的正德通宝钱币，有小平钱，还有各种花钱，但都系后世铸造。

　　为何大名鼎鼎的正德皇帝，不铸造自己的钱币呢？我们不妨来分析一下。

　　首先，这与朱厚照的性格特点有关系。回顾这位少年天子短暂的一生，他完全不像他父亲朱祐樘那样敦厚稳重，而是从小放纵不羁爱自由，渴望突破皇宫的束缚。他平时最喜欢骑马射箭，以武略自诩。据明史《武宗本纪》记载，正德十二年（1517），边塞重镇大同受外敌大军入侵，正德帝自封威武大将军，御驾亲征，经过激烈战斗，最后取得胜利。战场上，他还亲自斩杀一名敌兵。

　　而另一方面，正德皇帝特别爱玩，他建豹房，内置美女野兽，以供玩乐，又时常微服私访，留下许多游龙戏凤的风流韵事。山西大同的凤临阁酒店，就因当年正德皇帝和女老板李凤姐在此幽会的爱情故事，而久负盛名。皇帝本人如此，不免使得举国上下，也到处一片文恬武嬉的景象。

　　试问此皇帝忙着练兵打仗，忙着玩儿都来不及，哪里还有时间铸造钱币呢？加上他的擅长是武略，经济治理方面是他的弱项，本来对铸造钱币，可能并无兴趣。故正德朝未铸钱，也在情理之中。

其二，大明王朝初期，以纸币为主，铜钱为辅，钞钱兼用。其历经276年，先后有16位皇帝，却只有10位铸过钱币。可见，也并不是只有正德皇帝才不铸钱币。在他之前，只有朱元璋、朱棣、朱瞻基、朱祐樘这四位皇帝铸过钱币。而他父亲明孝宗朱祐樘，被誉为一代明君，不仅铸造了钱币弘治通宝，还开创了弘治中兴的风清气正局面。到了正德年间，民间白银交易已十分普遍，并逐渐取代纸币，成为主币。加上当时洪武、永乐、宣德三位皇帝的铜钱尚有积余，前朝各代的钱币也允许使用，且在流通的钱币中所占比重较大。故正德朝铸钱并非当务之急。

后来，正德帝迷恋江南水乡，置朝政于不顾，坐船游幸，沿途劳民伤财，最终自食其果。公元1521年秋，他在南京清江浦钓鱼，舟覆落入江中，本来就被女色掏空的身子，又溺水受了寒，很快得病，回宫后不治而死。享年30岁，并无子女。

正德一朝，可谓游龙戏凤，文恬武嬉，把先帝明孝宗弘治中兴的成果，瞬间挥霍一空。明武宗这朵"奇葩"，是明朝的政治形态特产。

朱厚照虽死，但在清朝、民国，甚至外国，却都铸造过正德通宝，有小平光背、背单龙戏珠、双龙戏珠、游龙戏凤（图1）、龙凤呈祥等，品种可谓丰富。

后世为何会出现如此多的正德通宝？难道是为了纪念这位风流

图1 正德通宝花钱游龙戏凤

天子吗？他虽有功绩，但毕竟名声不佳，后人何故这样崇拜他，以至于造钱币纪念？一时众说纷纭，尚无定论。

　　一种说法是，因后世盛传正德帝是游龙转世，若携带正德钱币过江渡河，便可镇波涛，保平安。于是民间纷纷铸造正德通宝。但殊不知，朱厚照自己正是溺水身亡的，后人欲靠此过江泥菩萨来保佑，岂不成笑谈？

　　另一说法，因正德两字，寓意深刻，在历史古训中就有"正身之德，利民之用"的说法，其表达了老百姓对君王的美好意愿。加之钱币配以龙凤图案，颇具喜庆感，又充盈生活情趣，用于祝愿爱情幸福，夫妻和谐，吉祥如意等，甚为妥当。故后世铸造正德通宝各类花钱较多。

简析南明永历通宝背"壹分"钱中写法多变的"历"字

　　永历通宝是南明桂王朱由榔政权的铸币。其铸造时间长、钱文古拙、品种纷繁、书法多样。根据铸造区域的不同，大体可分为三种类型。

　　第一种是永历政权在其直接控制下的广东、广西等地区所铸造的永历通宝。

　　第二种是李定国、孙可望在云南、贵州地区（遵义是其重要铸地之一）铸造的永历通宝。

　　第三种是郑成功政权委托日本长崎铸造，在闽台地区流通的永历通宝。

　　笔者主要讲一下李定国、孙可望铸造的永历背"壹分"钱。

　　永历六年（1651，清顺治八年），李定国、孙可望拥护永历帝上位后，开铸背有"五厘""壹分"的永历钱。此类钱内外廓均较宽，背面的"五厘""壹分"是对银作价，故该类钱币被称为折银钱。背"壹分"的折银钱，有大小两种，直径3.5—4.5cm，重10—26g，可谓轻重、大小不一。

　　其中，小"壹分"折银钱的繁体"历"字，目前已发现有4种写法，分别为厂字头内"双木一日""双禾一日""双木一目""双禾一目"四种版别（如图1、图2），其中以"双禾一日""双木一日"这两种版别较为少见。而大"壹分"折银钱的"历"字，则多为"双禾一日"。

　　查阅汉语词典可知，"历"字繁体的写法应为歷和曆。

　　其中，结构为厂、秝、止的"歷"字，多指代历史。它表示我们的历史，是在一个稳固的山石之下，止于农业社会，周而复始。而结构为厂、秝、

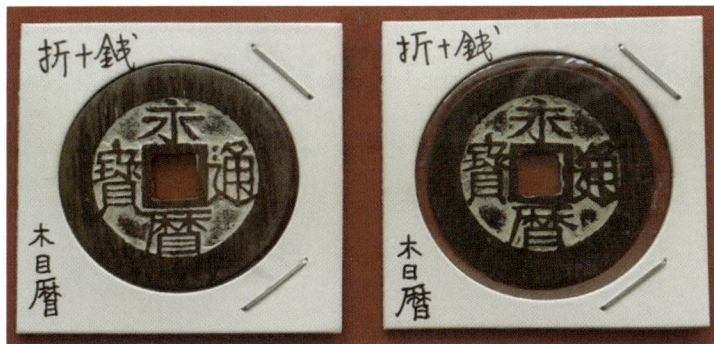

图1

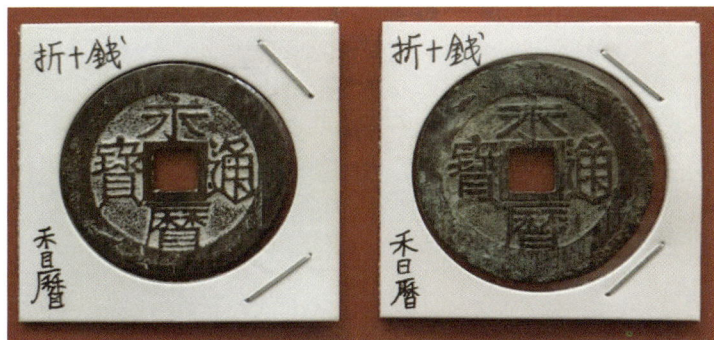

图2 "历"字写法不同的永历通宝

日的暦字,则多指日历。它表示以日为单位,记录我们农耕社会的发展进程。

出现在永历通宝上的4种"历"字不同写法,不仅比字典上多,还超越了历代的单一性(例如北宋庆历重宝多为"双木一日"或"双禾一日"历,明朝万历通宝多为"双禾一日"历),颇具有创造性和趣味性。4种写法,都表达了一种期盼政权长久永固之意,只是表现形式更多样化了。

永历钱币"历"字的写法多变,其缘由可能是为了区分炉别(铸地),从出土情况和钱币铸造工艺特征等各方面看,它们应为同一时期的产物。其铸地云南、贵州地域宽广,不乏铜源,加上在公元1652年,孙可望迎桂王至贵州,后永历王朝在云贵历经7年有余,有一定的势力,故有多处开炉铸钱的可能。

永历通宝系乱世的产物。它风格独特,开创了"滇派"钱币之先河。

后世吴三桂的利用通宝、昭武通宝及其孙子吴世璠的洪化通宝等钱，都受其影响，可见其影响力之深远。其多变的书体与文字写法，有待我们做进一步分析和考证。

太平通宝银质花钱
——银楼昔日繁荣的见证

　　古往今来,"太平"两字,一直是家喻户晓的吉祥语,它指社会稳定,安宁,人民安居乐业。历朝历代的老百姓们,一直都渴望着太平盛世,这是发自内心最质朴的期盼。

　　在我国,几乎每个朝代都铸造过太平钱,有些系官铸行用钱,有些系民间私铸带有太平字样的花钱。

　　例如北宋太宗皇帝,在太平兴国年间(976—983),铸造过太平通宝,该钱分铜钱和铁钱,且铸期不短。此外,南宋高宗建炎年间的李婆备起义军、辽圣宗太平年间、明朝孝宗弘治年间的大理国、清代天地会和小刀会起义军等,都铸造过太平通宝。而历代铸造的太平通宝花钱,往往大小不一,数量品种之多,更是不胜枚举。

　　笔者藏有一枚银质太平通宝花钱(图1),系祖传的,该钱直径29.6mm,厚1.2mm,重7.3g,含银纯度较高,手感温润。其制作工整,面

图1 太平通宝银质花钱

133

背均有刻花，钱文"太平通宝"四字为楷书直读，笔法流畅，其中宝字为简写汉字，背穿左右分别刻有满文"宝庆"二字，而在钱背左侧边轮处，还发现刻有汉文"宝庆"二字，可见是造钱时的戳记。根据此枚花钱的文字与风格判断，其应该是清末民初时期的产物。

此钱属花钱中的吉语钱，"太平通宝"的称谓，反映出我国传统文化在钱币上的强大渗透力。我们从该钱的制作工艺上看，其并非翻砂铸造，而是用银片打制，然后手工雕刻而成的。其雕工精湛，钱面穿孔，四角上方分别刻有梅、兰、竹、菊4种花样造型，构图细致，钱背穿孔上下，各刻着3片吉祥树叶。整枚钱币给人清新雅致的感受，散发着艺术气息，颇上档次，不像是小作坊的产品。

那么，这枚钱究竟是何处制造，又怎么会有"宝庆"字样的戳记呢？笔者查阅了相关资料，发现宝庆两字并非钱局名称，而是当时南京城里较为有名的一家银楼名号，此钱应该是该银楼雕刻的一枚花钱，当作银器出售，它可以作为随身佩戴的平安信物，或是用于造屋奠基、镇宅、避凶、祈福等。

银楼，是指旧时生产金银首饰器皿并从事交易的商店。由于白银在中国古代一直担当着重要的货币流通角色，故中国人自古就喜欢白银。早在唐代就有银匠，之后便长盛不衰，到了清末民初时期，在中国一些大城市里，银楼更是蓬勃发展，涌现出不少有名的银楼，诸如上海的凤祥、杨庆和、裘天宝、方九霞、宝成，南京的宝庆，扬州的元丰永、天宝、杭州的信源、义源、乾源，等等。银楼的产品，种类繁多，往往成为时髦女子或社会名流的爱物。

1945年以后，国民党政府日益腐败，滥发纸币，其最高面值者竟高达60亿元（图2）。市场也逐渐萧条，许多银楼先后关门歇业。各家银楼当年制造的金银首饰、器物以及各式花钱，历经几十年乃至上百年的岁月洗礼，如今已越来越具有历史与收藏价值。近年来，随着金银古玩收藏品行情出现恢复性上涨，这些银楼制造的特色藏品，很可能将成为拍场上的焦点，从而被更多的泉藏家关注和喜爱。

虽然，银楼所制造的各种花钱，数量不少，但要寻觅出完全相同的两枚花钱，却绝非易事。这枚太平通宝，作为当时较为有名的南京宝庆银楼的产品，如今已很少见，抚摩着它，仿佛旧时南京城的宏伟、秦淮

图 2 60 亿元面值纸币

河的艳丽、市井巷陌的风情都历历浮现在眼前。它既寓意吉祥,可作为
精美的平安符,又可谓是银楼昔日奢靡繁华的一个实物见证,值得我
们去重视。

谈小型花钱"金玉满堂长命富贵"

近日，笔者偶得一枚小型花钱，该钱属于双面吉语钱，其两面钱文分别为"金玉满堂，长命富贵"（图1），直径仅21mm，重2.4g，系熟坑，造型小巧精致，表面温润，文字有神，楷中带隶，此钱颇有趣味，令人好奇。

图1"金玉满堂，长命富贵"花钱

历代花钱，一般以大中型者居多，小型者较少，小平更少。大多数花钱直径均在23mm以上，而以下者少见。此花钱就属于较少见的小型方孔花钱，其钱文直读，字虽小，但笔画仍显浑厚遒劲。直径如此薄小，铸造有一定难度，足见我国古代造钱艺术水平之高。

钱文"金玉满堂"，出自《老子》第九章："金玉满堂，莫之能守。"形容财富极多，也形容学识丰富。

钱文"长命富贵"，是旧时中国民间对小孩说的吉庆话。《旧唐书·姚崇传》："经云:求长命得长命,求富贵得富贵。" 在旧时,小孩的挂饰长命锁和瓷器等装饰上,经常可见"长命富贵"的字样。

"金玉满堂,长命富贵"这句话,自古以来,就是吉庆用语,也是许多人孜孜不倦追求的目标。它生动具体地表达出人们对富贵、美好生活的向往。而这种愿望,便体现在这枚钱币上。由此可见,花钱是民俗文化的良好载体。

花钱被称为民俗钱币,也属于中国古钱币的范畴,它在传统历史钱币的发展进程中,具有自身特色,能够很深刻和抒情地表现出老百姓的喜怒哀乐,以及祈福、祝愿、驱邪避祸、保佑平安等各种情感的诉求。形形色色的花钱,是根植于群众土壤里的一支绽放不败的花朵,也是历史遗留下来的一份珍宝。

铜圆，千年方孔圆钱制度的终结者

相信许多朋友在家中翻箱倒柜时，总会发现爷爷奶奶留下的老物件中，除了一些杂件、古钱币之外，都或多或少有几枚铜板，它们上面印有"光绪元宝""大清铜币"或"中华民国"等字样（图1）。

图1 铜板

它们值钱吗？是机器铸造的？为什么中间没有孔？诸多疑问会萦绕在我们脑海中。

其实所谓铜板，只是民间俗称，它们还有个较为官方的名字——铜圆。

铜圆，是指清末以来所铸的各种新式铜币，它们的外观与历代圆形方孔古钱明显不同，一般中间无孔，据说是仿照香港铜辅币而铸造的，看似普通无奇。

然而正是它们，取代了自秦始皇在全国范围统一铸行半两以来，一直流通我国长达2000多年的方孔圆钱，具有划时代的意义。

我们的"孔方兄"古钱币，为何会被无孔铜圆所取代？对此，存在着多种说法：

一、钱币上铸方孔，其在制作工序上便增添了麻烦。

二、方孔影响了钱币图案的复杂化和艺术美感。

三、钱币的方孔，主要是为了便于贯穿，但随着时代变迁，这种功能逐渐已不再受到重视，变得多余了。

四、铸造无孔铜圆本小利大，而铸方孔铜钱往往要赔本。

五、方孔被无孔取代，是历史发展的必然结果，从中体现出社会的进步。

纵观铜圆的发展史，可谓精彩纷呈。最早的机制铜圆是清光绪二十六年（1900）在广东试铸成功的"光绪元宝"铜圆。这是我国钱币史上"机制币"的开端。

公元1905年，清政府为统一铜圆，解决某些流弊，铸造了"大清铜币"。

民国时期，各地军阀割据势力相互混战，并纷纷设厂制造铜圆，用以筹措军费。当时，国民党政府以及日伪政权都发行过一些铜圆，最常见的有"中华民国开国纪念币十文"（图2）等品种。但某些铜圆品种由于竞相滥造，又缺乏章法，导致质地恶劣，价格暴跌。起初，铜圆百枚可换银圆一枚，后期，一枚银圆已能兑换铜圆两三百枚，可见贬值之快。

图2 中华民国开国纪念币十文

此外，在中国共产党领导开辟的苏区根据地，也曾先后制造和发行过各种铜圆。如今，它们已成为难得的红色革命见证物（图3）。

这些形形色色的铜圆，品种繁多，不胜枚举，在货币史上扮演着重要角色，具有不可取代的地位。它们的诞生，不仅结束了我国2000余年的方孔圆钱制度，使我们从此告别了"孔方兄"，而且标志着金属货币铸造工艺，从传统的手工翻砂进入先进机器化生产的新阶段。

图3 红色革命见证物

诚然，铜圆在我国发行流通时间并不长，前后只不过半个世纪左右。在货币历史长河中，它们仅是十分短暂的一瞬间，却先后经历了清王朝衰落、军阀混战、国民革命、外邦侵略、新中国的诞生，见证了中国从封建社会沦为半封建半殖民地社会的历史过程，是近代货币体系和钱币学的重要组成部分，有着不可磨灭的影响和里程碑意义。

铜圆家族数量庞大，版别众多，不乏珍品孤品（图4,5）。每个种类里，几乎都可细分出不少小版，有些非常稀少，市场上很难见到。其中包括许多错版，如面背错配、英文倒置、满文错写、阴阳币、传形币等。虽数量不多，但仍有可能遇见。我们在收藏时应特别留意，有时候一枚看似平常的铜圆，说不定就是难得的好品。

图 4 宣统三年大清铜币二十文样币

图 5 中华民国双旗嘉禾"伍百文"铜圆样币

数年前，铜圆收藏品的市场价并不高，据说一张百元大钞往往就能收一麻袋。目前，随着钱币收藏热兴起，价格有所升温，但国内集藏铜圆的泉友数量仍不算很多，进行系统研究的人更少，铜圆中某些品种往往鲜为人知。我们如果仔细甄别，在其庞大的数量中，可能会发现某个珍稀品种。所以说，如果能以较低价位买进，说不定是一项不错的投资呢。

"袁大头" 银币与意大利设计师的故事

"袁大头" 银币（图 1），是至今家喻户晓的钱币之一。

图 1 "袁大头" 银币

在民国时期，它被称为"国币"，是当时流通使用最为广泛的银币，老百姓家中都或多或少有它的身影，真可谓妇孺皆知。

那么，群众基础这样好的钱币，究竟是谁设计了它呢？或许，不少朋友说不出答案。

这并不奇怪，当笔者还是个钱币小白时，家中虽有"袁大头"，但除了欣赏把玩外，对它也是一无所知。后来看了书，方才知晓，堪称民国国币的"袁大头"，其主要设计者，竟然是一位意大利老外。

没错！这位老外叫鲁·乔奇（Luigi Giorgi，生卒年不详），生于意大利佛罗伦萨，是一位极有天赋的艺术家。也许是从小受家乡文艺复兴历史的熏陶，他对钱币、奖章的雕刻与设计有着强烈灵感和独特构思，并逐渐开始名声在外。

宣统二年（1910），清政府急需发行新币来整顿当时混乱的币制，便想方设法聘请他来到天津户部造币总厂，参与某些龙洋银币的设计。后来，他又担任民国国币（"袁大头"）的首席设计师和总雕刻师。

鲁·乔奇受命后，积极思考，刻苦研究，在中国元素中加入自己的灵感，他不辞辛劳，精雕细琢，经过不懈努力，终于完成国币的设计和雕模工作。

1915 年，民国国币"袁大头"顺利诞生了。

该币正面为时任大总统袁世凯的戎装侧身免冠头像，背面为两束嘉禾花纹，并写有面值"壹圆"（图2）。

图 2 "袁大头" 银币（背面）

其铸工精良，形式统一，图案新颖，成色、重量也十分规范，一经发行流通，很快在全国范围受到欢迎，并逐渐取代了带有封建帝制色彩的龙洋，以及鹰洋、站洋等其他外国银圆。

纵观历史，自明朝新航路开通以来，大量白银流入中国，逐渐形成"白银为主，铜钱为辅"的货币体系，但这些所谓的银子（银锭、碎银等），其大小、重量、含银量等往往不统一（图3），使用很不方便。后来又使用外国银圆、龙洋（图4）等，但币制仍比较混乱，没有统一标准。

图 3 银锭

图 4 龙洋与站洋

国币"袁大头"的铸行,实现了我国白银货币在形制、重量、成色上的统一,这是自明朝正统年间以来,首次实现银币的统一,所以说,设计师鲁·乔奇实在功不可没。

一般来说,普通"袁大头"壹圆银币,根据铸造年份不同,可分为民国三年、八年、九年、十年4个品种(图5),其中八年的相对少一些。此外,还有鲁·乔奇签字版的试铸"袁大头"银圆,如今存世数量凤毛麟角,成为我国近代机制币中的大名誉品。

图5 袁大头银币一组

雕模大师鲁·乔奇,他自1910年来华,至1920年解聘回国,前后在中国有整整十年。清政府为了奖励他所做的贡献,给予其每年上万银圆的丰厚待遇,真可谓是天价!

银圆上的主角,一代枭雄袁世凯,妄图复辟帝制,逆天而行,最后惨遭失败,落得身败名裂的下场。然而,他发行国币"袁大头"倒是一件相对来说利国利民之事。

百余年来,银圆因谐音"姻缘",象征着美满团圆之意,承载着老百姓对幸福生活的向往,故一直受到青睐。鲁·乔奇设计的"袁大头"银圆,属于贵金属,投资风险相对较小,比较适合收藏;它又是中意友好合作的宝贵产物,具有一定的历史与艺术价值,在我国近代货币的统一进程中,具有十分重要的地位和意义。

亲,你收藏了多少枚"袁大头"呢?

谈我国首套生肖流通纪念币

　　我国的流通纪念币，是不少钱币爱好者喜欢收藏的品种。它们往往题材丰富，制作精美，又是合金材料制成，价格上相对金、银纪念币来说，明显价廉物美。我国从发行首套建国35周年纪念币到如今，发行的纪念币，已达上百种，其题材方面十分广泛，包括国内外重大事件、伟人、生肖、民俗、珍稀野生动物，我国著名历史文化遗产等，可谓大观。

　　值得一提的是，自2003年起，中国人民银行发行了新品种——生肖流通纪念币，之后每年都有发行。至2014年，已发行完首套，总共是12枚。还记得在2003年，首枚生肖流通纪念币羊年币（图1）一问世，就受到众多钱币爱好者的青睐。

图 1　2003 年（羊年）生肖流通纪念币

　　该币材质为黄铜合金，直径25mm，发行量1000万套，造型美观大方，金光闪闪，令人爱不释手。而且它是我国首枚生肖流通纪念币，过去虽然也发行过生肖题材的纪念币，但都是金、银材质的非流通纪念币，且发行量少，价格贵，虽然能够升值，但并不是一般收藏者的追觅对象。唯独这次，它既是生肖纪念币，又是低面额币（面值仅1元），所以一问世，便吸引了大家的眼球。无论是钱币藏友还是普通群众，都乐意购买收藏。

2003年生肖羊币，在发行之初，其市场价就一直上涨，之后更是十几倍、几十倍地翻升。之后每年的生肖流通纪念币，一经发行，也都十分受宠，被大家争相抢购。从2009年的生肖牛币开始，虽发行量有所增加，但其收藏价值依旧一路攀升。我们不妨用邮票市场做个对比，当年首枚生肖猴邮票，其价格现已升至上万元，其他第一轮的各种生肖邮票，如今也都价值不菲。由此可见，此套生肖流通纪念币的升值，仍然有较大的想象空间。

回顾过去，在20世纪，邮币卡炒作以前，流通纪念币发行上市时的价格只为面额的两三倍之多，后来经历了从暴涨到暴跌，可谓是大起大落。经过痛苦挤干泡沫的过程之后，我国流通纪念币，逐渐走上价值回归之路，可以说，目前其价格已逐步夯实，并正在稳中求进。

如今市场上，2003年生肖羊币的价格，一般仍在百元以上。这对于材质普通，面值仅为1元的羊币而言，价格已经非常高了。而其余11枚首套生肖币，在涨幅上也在纪念币领域占据优势。

首套12枚生肖流通纪念币和近两年的金银纪念币相比，虽然在工艺上较逊一些，面值也低（都为1元），但它们是新开拓的币种，具有特殊的民俗性和艺术观赏性，又色泽亮丽，图案生动可爱，加上流逝的岁月终究赋予了它们巨大的价值，这是多少金子都无法铸造的，更是我们这一代人的回忆。以上这些都注定，它们会具有一定升值空间与市场潜力，值得我们去收藏。

鼠年谈"鼠币"

2020 年，我们迎来了鼠年。

生肖纪念币，历来受广大藏友喜爱。第一轮生肖纪念币自 2003 年发行至 2014 年，共 12 枚；第二轮生肖纪念币从 2015 年生肖羊开始，到今年 2020 年已发行了 6 枚。

就在 1 月中旬，大多数纪念币爱好者都兑换到了央行发行的生肖鼠年贺岁普通纪念币（图 1）。

图 1 鼠币一组

借此契机，笔者也趁热打铁，再聊一聊生肖鼠和鼠币。

鼠是小型哺乳动物，虽有不良习性，但它聪明机灵，又能聚物，所以在我国传统文化里，它是财富的代表。

2020 年是庚子年，庚属金，子是鼠。因此，今年也被称为"金鼠年"，寓意我们能够通过智慧积累财富。

老鼠,贵为十二生肖之首,古往今来,一直活跃在各种钱币上。比如,古代十二生肖花钱(图2)等钱币上,就有它的形象;清代的康熙通宝地支纪念币中,也有背铸"子"字的康熙通宝(图3)。

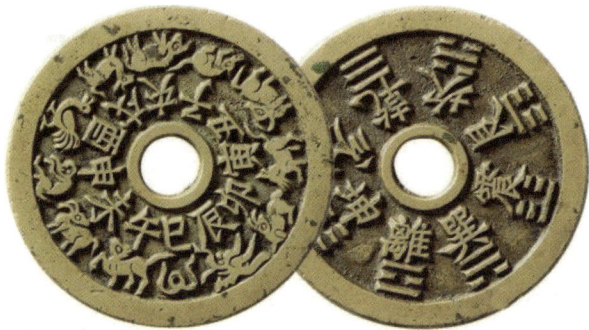

图 2 生肖花钱

图 3 康熙通宝地支纪念币

早在 1996 年,中国人民银行就发行过一套"丙子(鼠年)金银纪念币",共有 10 枚。2008 年,中国人民银行又发行了一套"戊子(鼠年)金银纪念币",共 13 枚。同年,中国人民银行还发行了鼠年贺岁流通纪念币(面值 1 元),想必不少泉友都有收藏,且对它记忆深刻。

如今发行的 2020 鼠年普通纪念币(图4),系第二套贺岁生肖纪念币(我们俗

图 4 2020 年 10 元贺岁纪念币

称"二轮鼠币"），铜合金材质。它直径 27mm，正面有"10 元"和"中国人民银行"字样，衬以团花图案。

背面是一只机智可爱的老鼠，运用拟人与卡通手法，将它刻画得栩栩如生，并配以葡萄图案，象征多子多福，寓意吉祥。

就在 2019 年的 11 月份，2020 庚子（鼠）年金银纪念币也按惯例发行。该套纪念币共 17 枚（图 5），其中金质币 10 枚、银质币 7 枚，铸工精湛、色泽亮丽，均为我国法定货币。

图 5 鼠年金、银纪念币

此外，历年以来，还陆续发行过一些生肖鼠年纪念章等衍生收藏品，在此就不逐一赘述了。

以上这些形状各异、材质多样的鼠币，是我国生肖文化与货币的良好结合，它们贴近生活，很接地气，既传承了中国文化，又彰显了艺术魅力，一直受到大众的青睐，具有一定收藏价值与升值潜力。各位亲们，你收藏到了多少鼠币呢？

致：属于我们的 "8050"

时光步履，总是匆匆。

对于我们这些 "70后" "80后" "大叔" 来说，留在脑海中的儿时记忆，会是些什么呢？

是跳动的铁皮青蛙玩具？是墙上挂的明星海报？是校门口买的棒棒糖？是上课时偷看的漫画书？还是……

或许，每个人的回答都不同。

然而，在记忆中，却一定忘不了第三、第四套人民币，我们曾用它买过玩具、交过学费、包过压岁钱，是大家成长岁月的见证。

在众多第四套币种中，1980年版50元人民币（简称 "8050"），是最具代表性的品种，许多泉友家中都或多或少有 "8050" 的身影。今天，笔者就来讲讲它的故事：

1980版50元人民币，呈黄绿色，手工雕刻，凹版印刷。正面为工人、农民、知识分子头像，线条流畅，栩栩如生；背面是著名的黄河壶口瀑布，气势磅礴。该纸币美观大方，艺术性强，其精美程度，不亚于一件艺术品，故被业界称为醉人的 "黄金纸"。（图1）

由于它数量少，发行时间又短，故 "8050" 一直受广大藏友的追捧。

一

"75后" 泉友阿汤是位 "古钱痴"，记得1996年，他刚拿到人生第一份工资，里面有张崭新的 "8050" 纸币，他却并不在意，一心只想买古钱币。春秋战国的 "一化" 和三国蜀汉的 "直百五铢"，是他心仪已久的古泉。

图1 1980年版50元人民币

这次发了工资，他便迫不及待地用那张50元，买下这两枚古钱。

谁知世事难料，20多年时过境迁，如今的好品"8050"，价格已高达数千元，而他当年买的普品"一化"和"直百五铢"，出于种种原因，价格较低，仍在100元左右徘徊。

"早知道，不买它俩了，留下我的'8050'！"对此，阿汤至今仍后悔不已。

二

"85后"泉友小许一直想买"8050"，却苦于价格太贵。某天逛地摊时，惊喜地发现一批"8050"，品相好，价格也低。他认为这是难得机遇，便当机立断，全部买下。

一到家，他欣赏着这些低价入手的"8050"，不禁乐开了花。

周末，他去见泉友，拿出自己这些宝贝，嘚瑟地说："嗨，看我的新收获！"

泉友们一看,脸色有些奇怪。

"你们怎么了?羡慕嫉妒恨了吧?"小许问。

"嗯,说实话,你这些'8050',看着怪怪的。"

"而且,它们的颜色和背面1980字样,也都不对呢。怀疑是'9050'(图2)改制的,你要慎重噢。"泉友们嘀咕着。

图 2 1990 年版 50 元人民币

"什么?"小许如梦初醒。

结果,经过鉴定,这些"8050",果然是用 1990 年版 50 元人民币改制而成的。

俗话说:"只会买错,不会卖错。"小许自以为捡了漏,其实却吃了大亏。

"天上不掉馅饼,玩泉千万小心。"如今,他算是醒悟了。

三

"80 后"青年吴哥,虽不收藏钱币,但直觉告诉他,"8050"将大有升值潜力。

大约 2003 年时,他就想收集几张"8050",但又不愿去市场掏钱买。于是,回家翻箱倒柜,好不容易找出一张,可惜已破旧不堪,收藏价值大打折扣,不免有些失落。

恰巧,不久单位发奖金了(那时还发现金),吴哥打开信封一看,里面有一些崭新的第四版 50 元,他急忙一看背面,赫然印着"1980"字样,整整有 10 多张,竟都是连号(图 3)。

图 3 1980 年版 50 元人民币

吴哥暗自庆幸，回家后，将它们小心翼翼放入纸币册，保存起来。当年的小举动，如今的大丰收。

如今，这些总面值数百元的全新连号"8050"，身价早已今非昔比。

前些天，在某市举行的拍卖会上，吴哥的 10 余张"8050"，以数万元高价顺利成交，可谓是一笔收益颇丰的人生投资。

转眼数十年逝去，如今的我们，已人到中年，正如人生在不断成长和充盈一样，流逝的光阴，也终究赋予了"8050"可观的价值。作为当今纸币市场炙手可热的收藏品种，它已一跃成为当之无愧的"第四套币王"。

迷人的"8050"，它承载着无数人的青春与伤感，欢笑与泪水。无论对它执着追寻，还是与它擦身而过；我们脑海中对它的那些美好记忆，都将陪伴一生，永不褪色。

一枚纳粹银币引发的思索

近日，笔者偶得一枚纳粹德国时期银币（图1），其直径29mm，重13.84g，1936年铸，正面为德国总统兴登堡元帅的头像，背面为纳粹鹰和标识，面值5马克，成色尚佳，铸工精良。这枚颇具特色的银币，不禁让我思绪回到那战火纷飞的岁月。

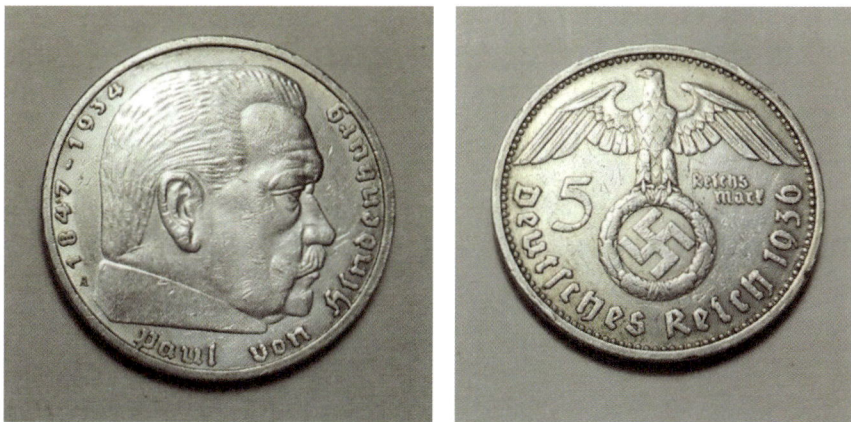

图1 纳粹德国时期银币

翻开世界现代史的长河，"二战"，无疑是其中一段残酷而沉重的篇章。1939年，在希特勒统治下的纳粹德国，对波兰发动侵略战争，标志着"二战"的全面爆发。

正所谓，钱币是经济的载体，是政治的映射。纳粹银币的出现，和当时德国的政治经济背景，有着紧密联系。

由于"一战"后，德国被严重削弱，整体经济处在崩溃边缘，通货膨胀极其严重。为了稳定经济，德国魏玛政府出台一系列措施，以稳定

153

币制。比如用帝国马克代替原有的纸马克等。

1933 年，纳粹党上台执政，借着成功上位的东风，在几年里，发行了一系列银币。其中包括面值 2 马克和 5 马克的马丁·路德头像银币、席勒头像银币、兴登堡头像银币以及 1 马克镍币等币种，取得一定效果。

在"二战"期间，德国又制定了马克与被占领区货币之间的汇兑比例，从而逐步确立以服务德国为中心的庞大经济体系。通过货币政策、贸易政策等方式，不断剥削被占领区人民。

虽然，纳粹党在上台初期，的确也做过一些利国利民的事情，并且似乎很受人民爱戴，但是，其可怕的野心和侵略、残忍的本性，一步步地暴露了出来，这是任何的虚假行为，都无法掩饰的。他们通过发行钱币，来进行剥削和掠夺，就是其中一种手段。而法西斯发动的侵略战争，造成了数千万人的死亡、无数家庭的破碎、亲人的离散、无法估算的经济损失，他们的罪行罄竹难书。

然而，正义终将战胜邪恶。经过全世界各国人民长期艰苦卓绝的战斗，终于取得了世界反法西斯战争的伟大胜利。1945 年，德、意、日法西斯势力被打倒，邪恶终究一场梦。

"二战"已然过去，战争在给人类带来巨大灾难的同时，使许多货币，也遗留了战争的痕迹。它们作为那段屈辱历史的见证，而今，已成为钱币爱好者们争相收藏的对象。

这枚纳粹银币，由于代表着当时的政权，如今，或许已被打上了邪恶的烙印。但我们不妨从另一角度思考，正是这些宝贵实物的遗存，使我们能进一步了解了反法西斯战争的艰难历程和来之不易的胜利，才会使我们加倍珍惜现在的美好生活。在发展物质文明和精神文明的同时，我们应该牢记使命，不忘吸取历史灾难和血的教训，反对战争，维护和平，不断深思，警钟长鸣。

钱币鉴定：我们靠的是感觉？

浩如烟海的历代钱币，它们形态各异、书法多姿、品种繁复、色彩缤纷，一直吸引着无数泉友沉溺其中，如痴如醉。

然而，这个充满魅力的泉币世界里，却有许多诱惑与陷阱，赝品就是其中之一。

钱币造假，自古有之。层出不穷的赝品、加工品、臆造品等，如洪水猛兽一般充斥着市场。

近年来，随着造假技术不断提升，赝品越来越逼真，大有道高一尺魔高一丈之感。不光是珍稀钱币，只要是热门品种，比如三字刀、大观折十、永昌、大顺通宝、雍正通宝、康熙罗汉钱、太平天国诸币等（图1），赝品也开始泛滥，让众多泉友（特别是新人）"买假吃药"，蒙受损失。有些甚至走上弯路，越陷越深，不能自拔。

图1 各类赝品古钱币

那么，如何才能拥有火眼金睛，明辨真假？

笔者认为，我们玩钱币，玩的是一种感觉；我们鉴定钱币，靠的也是一种感觉。

历代钱币，在风格、文字、材质、大小、轻重、铸造工艺等方面不尽相同，锈色、包浆也各有差异。因此，我们可以凭借对一枚钱币的感觉，如视觉、听觉、触觉、嗅觉、直觉等，去观察它、认识它、鉴别它。在此，笔者就以古钱币为例，做一简要分析。

一、视觉

视觉是鉴定真伪的首要环节。

比如文字是钱币一大特色，我们通过观察，可以发现，真品古钱文字清晰有神，笔画流畅，有些是当时书法家甚至皇帝亲笔所写，颇有艺术水准。而赝品的文字，往往呆板无力，浅显模糊，缺乏书法和艺术美感。

钱锈，也是观察的重点。比如生坑钱由于长期入土，带有绿锈、红锈、蓝锈等不同的锈，或多种锈掺杂在一起。真钱锈色自然逼真，锈块不易刮除。赝品锈色失真，一般如粉末状，用指甲轻刮容易掉落。

熟坑钱经多年摩挲把玩，往往钱体表面温润，锈色平滑，赝品则较为粗糙，火气重，不细腻。

水坑钱，真品大多色泽发黄或发黑，表面无绿锈，有的呈金色(图2)，重量普遍要轻一些。赝品一般较难模仿。

图 2 水坑钱

此外，我们对古钱材质也需留意。

比如先秦钱币，皆为青铜材质；唐宋钱币也一般用青铜铸造；直到明嘉靖以后，才逐渐用黄铜铸币。有些地区，因地制宜，采用特殊材质铸币，例如铁钱、铅钱、新疆红钱（图3）等。

图 3 新疆红钱

二、听觉

我们可以将古钱轻掷在地,以听其声,来辨真伪。一般来说,真品声音较闷、较哑。而赝品声音较响、较尖锐刺耳。当然,这也不绝对,声音闷哑的也不一定是真品。近年,有用真钱重新熔铸的赝品,我们不得不防。

三、手感

用手掂量古钱的轻重,我们会发现:入土过的古钱,因长年受氧化腐蚀,其重量会减轻。而赝品是新币,往往比真品份量重,手掂一下,有重量集中下垂之感(垂重感)。

四、嗅觉

用鼻子闻古钱气味,我们会发现:生坑钱通常带有泥土和绿锈的气味,而赝品常有难闻异味或油漆味,使人不爽。

五、直觉

凭借泉识与经验,以及对市场行情的了解度,来判定古钱的真伪。比如:一枚与当前市场价不符,甚至相差较大的古钱,我们就需引起怀疑。

以上这些,都是我们对古钱的感觉。评定真伪,靠的就是这些感觉加起来的一种综合感觉。至于诸如铜圆、银圆、纸币等钱币的鉴定技巧,就不逐一阐述了。

当然，笔者所说的感觉，并不是一蹴而就的，而是建立在一定泉识和不断实践基础上的。鉴定钱币，切忌纸上谈兵，靠的是长期练就的眼力、听力、手感、嗅觉以及敏锐直觉与判断力。这一切，绝不是一朝一夕能做到的。

正所谓："熟读唐诗三百首，不会作诗也会吟。"同样，我们玩钱币也是如此，"过手钱币数万枚，不辨真伪也会辨"，此话并非戏言。

可以说，真正拥有火眼金睛，能一眼识真假的高手，几乎都具备多年一线实战经验，他们往往眼力好，话不多，无论哪枚钱币是真是假，只要凭直觉，就能十拿九稳，这便是一种自我感觉的升华。

平时，我们总是羡慕这些大神，可又有谁会知道，他们风光的背后，曾受过多少苦，熬了多少年，"吃下多少药"，才有今天的水平与境界。

不得不承认，如今钱币作伪技术之高超，已防不胜防，即使我们购买评级币，也无法保证万无一失，只是降低买假概率而已。而一些业内高手和藏家对于假币，习惯于睁一只眼闭一只眼，这便纵容了造假者和伪品继续肆无忌惮地横行下去。

目前，尚未有一种尖端科学技术，能够绝对准确无误地判定任何一枚钱币的真伪。钱币鉴定之路，依然任重而道远。我们只有不断学习实践，提高鉴定水平，找到对的感觉，这才是王道。

笔者深知当今钱币界，鉴定专家、大神比比皆是，本不该在此班门弄斧，但有时实在忍不住，便啰唆了几句，谈点粗浅认识而已。在此，恕笔者多嘴了。

（第三章）

励志篇

　　钱币收藏，两千年的梦。

　　历代钱币藏品，它们既是物质遗产，又是艺术品；既能转化为财富，又能成为灵魂伴侣。

　　如今，新时代赋予了钱币收藏市场繁荣和交易方式更新的同时，又呈现出百年未遇之大变局，新旧观念的交织，网商实体的碰撞，机遇与风险并存。在各种因素催化下，钱币收藏和广大泉友的未来，又将走向何方？

玩钱币：我们如何才能致富？

玩钱币，到底能不能致富？这是一直困扰广大泉友的问题。通常，我们给某人看一枚钱币，他首先会问的，往往不是钱币的铸造年代、历史背景、材质、文字、书法等问题，而是会问，它能值多少钱？

看来，我们都很现实，钱币到底值不值钱，这才是最重要的。

正所谓：天下熙熙皆为利来，天下攘攘皆为利往。

在历史上，不乏通过经营钱币致富的人，比如欧洲著名金融寡头罗斯柴尔德家族，起初就曾当过泉商，并成功收获第一桶金，为日后的发家打下了基础。

毕竟，某些钱币高达几十万、上百万甚至数百万、上千万元的成交记录，具有极大诱惑力（图1）。

图1 义记金钱

一

前些天，笔者拜访了某位大泉商，他浸淫钱币多年，坐拥数万藏品，生意流水每年高达上千万元。

这位仁兄与笔者侃侃而谈：自己在创业之初，是如何艰难辛苦，又是如何将仅有的几百元钱，通过经营钱币，在数年时间，像滚雪球一般，变成了数百万元，直到如今的上千万元。

说到兴起处，他眉飞色舞，双眼放光，让听者不得不信。

笔者认为，他的话不免有些夸大成分，但至少取得了一定成绩，通过玩钱币，已走上富裕之路，在他眼里，未来是可期的。

于是，笔者又问他，玩钱币如何才能致富？

本以为这仁兄又要长篇大论，没想到他简单爽快地回答道："这其实很简单，你擅长什么，就输出什么。"

真是"一语惊醒梦中人"！

其实，我们每个人都有属于自己的天赋和本能，若能找准方向，不懈追求，做到极致，也许就能成就一切。

比如擅长跑一线、铲地皮的泉友，那就继续风雨无阻；擅长做公众号的，那就继续发文写稿，勇爬格子；擅长做专题研究的，那就继续一钻到底，精益求精；擅长直播销售，在线鉴定的，那就继续流量红利，分秒必争；擅长做批量钱的，那就继续钱山币海，盈千累万；擅长做回流币的，那就继续辗转异国他乡，千里寻宝。

终有一天，你会发现，自己变得有泉识、有资源、有客户、有粉丝、有影响力，早已今非昔比。

同时，财富也插上天使的翅膀，飞到了你身边。

当然，玩钱币像这样纸上谈兵固然轻松，要真正做到又谈何容易？

二

玩钱币，其实是个十分纠结的过程。

某位名人把收藏钱币，描述成一种"冻结的欲望"，笔者觉得，此说法不无道理。

我们的钱币想变得更加值钱,那就得留住它,让时间赋予其价值。但这又很难做到,也许只有真爱,才留得住钱币。但往往又因为真爱,你无法痛快地割舍它。

笔者认识一位老藏家,其对钱币收藏极度痴迷,数十年来,藏品过万,却只进不出,日夜长相厮守。

近年来,钱币市场行情利好,藏品价值节节攀升,连他也开始动心,决定整理一些藏品,打算变现。

可是,当他认真挑选藏品打算售卖时,却久久无法割舍。因为在他眼里,每一枚钱币长得都不一样(图2)。

图 2 靖康元宝对钱

因为,它们有不同的状态、品种、版别、锈色、磕碰等等其他特征,真的没有完全相同的。

而且,有的钱币,是他少年时代的回忆(图3);

图 3 宋代钱币

有的钱币，是他青春岁月的见证；

有的钱币，是他父亲留下的遗物（图4、图5）；

图4 咸丰大钱背面

图5 咸丰大钱一组

有的钱币，是……

结果，这位老藏家想来想去，还是放弃了卖钱币赚大钱的想法。他宁愿一辈子死守着宝贝们，心甘情愿做个"贫穷的富翁"。

看来，由于受诸多因素影响与制约，想靠玩钱币致富，并不容易。

三

笔者以为，玩钱币想要致富，起码需做到以下几点：

第一,耐得住寂寞。

玩钱币,是一种孤独的自我修行。

历代钱币,经历漫长而跌宕的历史,它既是交换媒介,又是悠悠数千年历史发展的见证。它既是社会平稳之佐证,又是乱世之祸源。方圆之间,可以察今知古,窥探王朝更替、历史波澜。

所以说,收藏钱币,就是收藏历史,收藏文化。要想玩转钱币,你必须要耐得住寂寞,潜下心来,了解历史,学习泉识,练就眼力与胆识,才能去伪存真,收获泉品。

第二,熬得住光阴。

那些所谓"天降大漏"的故事和津津乐道的一夜暴富,其实,大都不是一蹴而就的。

它们是经年累月的努力,一次次起早摸黑,一回回铲地皮,走南闯北,一天天心血汗水的积累,才能换来的。

玩钱币的路,每一步都算数,那些经不起时间考验的人,最终都会被淘汰。只有日积月累的付出,你才会赢得上天的眷顾。

第三,等得住行情。

泉市如同股市,行情扑朔迷离,风险难料。

有的泉友,看见雍正通宝有小涨,一冲动便卖了,没过多久又大涨了,后悔莫及。

有的泉友,想入手一批造总龙洋银圆,但嫌价格贵,不敢买拍套牢,结果又涨了,错失良机。

有的泉友,一直观望,结果痛失一次又一次机遇,与财富始终擦肩而过。最后只能叹息"话当年"。

第四,守得住初心。

随着钱币收藏日趋火爆,无论平民还是富翁,都跃跃欲试。

但许多时候,钱币想卖却卖不掉,想买又买不到。

钱币价格,年年都在翻倍,

有的钱币,如果按每克卖,甚至比黄金还要贵。

你去买,那就是天价,你要卖?又可能没人要。

买卖之间,是一场颇有奥妙的博弈,需要有良好心态和长远眼光,不为一时小利所诱惑,不为一时行情所欺骗。守得住初心,稳得住心态,该出手时就出手,该稳住时就稳住。

第五,建得起人脉。

据说,一个成功的经营者,往往只有 30% 靠的是知识与能力,而 70% 靠的是人际关系(人脉)。

所以说,人脉就是财富,人脉就是能力。如果你建立了强大的人脉网,就相当于拥有了无限商机。既然人脉如此重要,我们何乐而不为呢?

第六,玩得转网络。

网络虽不是万能的,但不懂网络,却会让你寸步难行。

在当今"互联网+"时代,钱币网络经营更是大势所趋。无论你是做带货直播的、钱币公众号的、限时微拍的、在线鉴定的、视频授课的等等,全都离不开网络。

网络,不仅能拓宽你的经营渠道,还能让你的钱币,更快更好地找到最需要它的客户(买家),从而节约了时间,提高了效率。

可见,玩转网络、与时俱进才是硬道理。

正所谓"盛世收藏",玩钱币作为昔日的一项业余爱好,如今已形成巨大资本市场,并正逐步走向全民化。

同时,新时代给钱币收藏与经营赋予了新含义。它正从冷门的变成流行的,学术的变成大众的,民族的变成世界的。

以上仅是玩钱币如何致富的几点建议,仅供参考。

俗话说"识古不穷,贪古不富",我们不少泉友心态良好,他们乐于一辈子守着自己的藏品,只想做一位精神富翁,也就知足了。

就像许多大收藏家,他们藏宝聚珍,著作等身,生活却简朴得令人惊讶。但从某种角度来看,他们说不定是世界上最富有的人呢?

在"互联网+"时代，
我们如何经营自己的钱币？

如今，我们已进入"互联网+"时代。

在这个时代，大数据的分享与使用，使人们的生活、工作、思维等各方面，都经历着前所未有的大变革。同时，我们钱币收藏领域，也受到不小影响。

以前，你想了解某一枚钱币的信息，比如它的历史背景、铸量多寡、当前价格和市场行情等，是一件非常不容易的事，往往要去跑书店查资料，或去市场问价格，这样既费精力，又费时间。而现在，网络带来了便利，你可以足不出户，通过互联网，搜寻到那枚钱币的各方面信息，这既方便，又省力，同时还能丰富你的钱币知识面。这就是大数据时代的优势与魅力所在。

"互联网+"时代，是电子商务兴盛的时代，是鼓励大家（特别是年轻人）创业的时代。近些年来，华夏古泉、古泉园地、钱币天堂等相关钱币交易、拍卖网站，各类钱币交流论坛，以及钱币微拍、App、微信公众号和直播平台等，如雨后春笋般诞生了。同时，一些钱币评级类公司，纷纷崭露头角，盒子币逐渐兴起，踊跃探索着进一步实现钱币价值的新模式。以上种种新思维、新事物、新元素的出现，的确让以往的钱币实体经营受到很大冲击。许多泉友，以前买钱币，靠去逛市场，苦苦搜寻，大海捞针。想要买到一枚心仪的钱币，既要靠眼力，又要靠机遇，往往尽力搜寻，仍无法获得。而现在，你只需端坐家里，拿起手机，通过互联网，挑选好想要买的钱币，出个价，再静观其变，就可以了。有时候，买到的价格，会比市场上还便宜。也有许多泉友，以前卖钱币，靠去市场摆摊，风吹雨打，没少吃苦。现在他们很少去练摊了，纷纷开起自己的网店，搞起微拍，玩起直播，过上一把网商瘾。不少泉友卖得风生水起，收入颇为可观，真是不亦乐乎。可见互联网对钱币收藏影响之大。

马云说，人类正从 IT 时代走向 DT 时代，IT 时代是以自我控制，自我管理为主的时代，而 DT（Data Technology）时代，是以服务大众，激发生产力为主的时代。大数据成为我们的第二母语，互联网不再只是一种技术工具，而成了一种谋生手段，电子商务最有可能改变未来中国的经济。

诚然，一种新事物的诞生，往往会带来负面效应。同样，钱币的网上交易，也会产生一些弊端，卖家和买家之间也时常会发生纠纷与摩擦，比如假买假卖，买家收到钱币是赝品，与图片不符，存在缺陷未注明，卖家不退货，恶意抬价，等等，但这种种问题，却无法阻挡网络经营战略这一大趋势。相信随着时间推移，钱币网络经营模式，必然会越来越有发展前途，也越来越正规化、成熟化，同时，竞争也必将更激烈。

那么，在"互联网+"时代，我们应该如何经营自己的钱币新模式呢？

第一，要自信。只有你自己相信自己，别人才会相信你。如今，商业模式正在被改写，这是时代发展的必然，是大势所趋，我们没有理由不自信。

第二，不惧艰险，迎难而上。要用你的行动，去证明你的能力和判断是正确的，不要只说不做。创业与坎坷历来就是一对双胞胎，哪里有创业，哪里就有艰难与坎坷在等你。所以，你必须要用乐观和积极的心态去面对坎坷，拥抱挫折，同时学会在此过程中发现机遇，抓住机遇，反败为胜。

第三，了解市场，找准方向。近 10 年来，钱币市场可谓兴旺，出现一些行情较好，很受大家欢迎，价格不断攀升的钱币品种，如古钱币中的王莽金错刀（图 1），北周五铢，北宋大观折十，明隆庆通宝，清康熙罗汉钱、雍正通宝、咸丰大钱，太平天国钱币（图 2）等，而在民俗钱币、铜圆、银圆、纸币、纪念币等领域，一些热门品种的市场价也是一路飙升。

图 1 王莽金错刀

以上这些利好行情，为广大泉友带来了机遇。但也有些钱币，如辽钱下八品，西夏天盛、皇建、光定元宝，清天命汗钱，等等，由于受众面小、近些年时有出土等种种情况，它们的市场价格停滞不前，有的甚至下跌。所以说，钱币市场如同股市，风云莫测，时刻存在风险，我们必须谨慎细心，冲动盲目的投资往往容易被套牢。只有头脑清醒，不断学习和摸索，用敏锐思维，去把握市场行情和网络需求，同时利用大数据优势，进行分析研判，推断出钱币热门品种与市场走向，这样，才会抗住风险，使自己立于不败之地。

图 2 太平天国钱币

第四，诚信为本，合法经营。我们要坚信，诚信就是生产力，践行诚信，就是在积累财富。在钱币经营过程中，一定要诚心对待客户，不搞商业欺诈行为。因为你欺骗了客户，看似占了便宜，其实吃了大亏，会逐渐失去一切。特别是在如今的网商时代，一旦诚信缺失了，你的商品就会沦为不值钱的垃圾。而只有讲诚信，我们才会赢得客户的信任，进而赢得尊重，最终取得财富与成功。

最后，也是最重要的一步，就是要坚持不懈，绝不言弃。在创业的路上，今天很辛苦，明天更辛苦，后天会很美好。但许多人死在了明天晚上，所以我们千万不要放弃。

"互联网+"时代，向每一个人敞开了创业的大门，我们广大泉友如果感兴趣，不妨跟上时代发展潮流，紧抓这个创业黄金期，冲破固有思想的藩篱，乘势而上，用自己的才情与努力，果敢迈出第一步，探索出自己崭新的网络钱币经营战略模式。

玩钱币：一个人的修行

俗话说：孤单，是一个人的狂欢。

我们玩钱币，也是如此。每当忙里偷闲或是夜深人静之时，一个人、一杯茶、一本书、一枚泉，既能品味历史，又可享受孤独。很多时候，我们并不在乎手中的钱币，是不是大珍名品，有没有裂补翘磕，会不会价值不菲，只要揣在自己手里，就是最真实的、最有缘的，也是最好的。

一

余杭泉友小徐，藏有一枚春秋战国时期的铲币——殊布当釿（俗称楚大布）。据说，此布是在他家乡的苕溪中发现的，属标准水坑钱。大布青铜质地，呈棕灰色，包浆自然，字口清晰干净，钱文飘逸大气。当时浙江余杭地区属楚国领土，楚大布和鬼脸钱一起流通使用。大布是大面值货币，铸量有限，流通范围小，故出土和存世甚少，系古泉中的名誉品。

图1 楚大布（残）

但美中不足的是，小徐那枚心爱的大布缺了一只右腿（图1），是一位"残疾人"，其收藏价值自然大打折扣。不少泉友劝他，别老是守着这枚破布，也该把它扔了，换一枚完整的，那才值钱。

可不管大家怎么嫌弃，小徐还是舍不得自己的破布，一有空，就独自品味把玩，不亦乐乎。他一边玩，一边在心里暗自笑道："哈哈，你们不懂，这枚布儿，是我家乡的土特产,少了条腿又有何妨,这叫沧桑之美!"

有时候,抱残守缺,是一种美德,也是一种境界。

二

泉友小齐对先秦钱币情有独钟,空首布一直是他的最爱,什么耸肩布、平肩布、斜肩布、大型布、中型布、小型布,他都梦寐以求,泉友们戏称他是"布儿控"。

前些天,小齐用平时省吃俭用攒下的钱,高价买进一枚大型耸肩尖足空首布(图2)。这布大开门,体长超过 14cm,形态古朴,锈色爆蓝,品相端好,美不胜收。小齐越看越喜欢,便拿给泉友大海欣赏。正巧,大海在当地某医院放射科工作,他好心帮小齐用 X光检测了一下,不禁大吃一惊:这枚在小齐眼中完美的大空首布,竟然是修补过的!

图 2 耸肩空首布

"唉,你这布儿控,又被奸商骗了。这布的銎部(即上端部位)有缺损,修补过的东西,根本不值这个价,你明显买贵了,赶快找卖家退货吧,现在还来得及,不然就亏大了。"大海语重心长地劝小齐。

不料,小齐对此,只是淡然一笑,说:"算了吧,这一切都是缘分,布儿虽有缺陷,但你看,它这爆蓝网红款,是我最喜欢的,买亏也认了。"

大海一时无语,暗暗佩服小齐的良好心态。

三

泉友辉哥酷爱银圆,不能自拔。数年前,他以高于市场的价格,入手一批大清宣统三年银币(图3),亮闪闪,龙鳞清晰,光泽诱人。但泉友们认为,辉哥买的东西虽好,但目前钱币市场不景气,他如此高价买来,肯定要被套牢,纷纷表示惋惜。

对此,辉哥不以为然,他一直把这些宝贝银币屯在家里,一个人看,一个人摸，一个人笑，如痴如醉。

2 年过去了，钱币市场回暖，辉哥的宣三银币涨价了，解套了。一见有利可图，有些泉友便劝他出手，辉哥却不愿意卖，说："急什么，等等吧。"

很快，5 年过去了，钱币行情蒸蒸日上，宣三银币涨了两倍多，许多泉友劝他卖掉，辉哥依然说："不急，还会涨呢，再等等吧。"

图 3 宣统三年银币

一转眼，10 年过去了，此时的宣三银币，已成为热门的收藏品，价格更是一路飙升，暴涨 10 倍多。更多的泉友劝辉哥，现在是全民收藏时代，钱币大涨，机遇难得，再不出手，一定后悔终身。可是，辉哥仍不为所动，说："不急不急，以后的行情更好，价格会更高呢！"

那么，我们的辉哥究竟要等到什么时候，才会卖他的宣三呢？谁也不知道答案。或许，他根本就不想卖，永远也不会卖，所以不可能等到这一天吧。

某些泉友，任凭风起云涌的市场行情，却能无动于衷；面对巨大的利益诱惑，却能云淡风轻。他们只求能与钱币相依，放肆享受那份孤独，这样的境界，不能不说是一种豁达。

玩钱币，与泉友们一起交流探讨，固然重要，但更多的时候，是一个人在历练修行。我们如果患得患失，就走不到更远；如果吹毛求疵，就会活得太累。

独自修行，方能悟出真谛；

看轻得失，才会收获快乐。

那么，就让我们与心爱的钱币一起，来体验一场真正的修行吧。

那些改变草根泉友人生的钱币书

光阴如梭,一眨眼,"80后"泉友小勤,已有20多年泉龄。漫漫藏泉之路,陪伴他的,除了心爱的古泉,还有那命中注定的5本钱币书。

第一本书是高汉铭先生主编的《简明古钱辞典》。

那是1992年,小勤才11岁,玩钱币也刚起步,他对古钱收藏,充满了新奇与憧憬。可那时,钱币收藏类的书籍简直少之又少,且以前出版的《历代古钱图说》等老书,小勤又觉得生涩难懂。无奈之下,他只能苦苦摸索,错过珍品,交过"学费",走了不少弯路,直到买了这本书。

《简明古钱辞典》图文并茂,雅俗共赏,是一本难得的通俗化古钱币工具书,它的问世,对于小勤这样的钱币初学者来说,简直是福音。

此书售价14元,在当时并不算便宜。小勤只好省下买零食和漫画书的钱,买下了它。书一到手,他便兴奋地翻阅了一整天,直到晚上,还爱不释手地捧着它睡着了。

20多年过去,如今这本书,早已被小勤翻烂了,但他仍舍不得丢弃。因为这本书承载着小勤年少时的珍贵记忆。

第二本书是《古钱的鉴定与保养》。

1997年,小勤获得这本书,它由上海钱币学会主编,属于集体智慧的结晶。虽只是一本薄薄的小册子,字数也不多,但对小勤的帮助却很大。自此,他告别"地摊假",远离"大珍党",走上了正规的古钱币收藏道路。书中所传授的古钱币鉴定要领、工艺特征和保养技术,以及一些真伪钱币实物对比图片,让他受益匪浅。

第三本书是陈达农先生的《古钱学入门》。

2001年初夏,一次机缘巧合,小勤有幸邂逅了钱币大师陈达农,此书便是大师亲笔签名并赠送小勤的。

这是一本完全从集币者角度出发，引导我们进行古钱收藏与研究的好书。读完此书，小勤对我国悠久的古钱币知识及收藏理念有了一个更系统的认知。同时，他被陈大师的品德和泉学修为所深深折服。

如今，虽然大师已驾鹤西去，但他这本著作，依然默默指引着小勤，在藏泉路上无惧艰难与困苦，不断刻苦阅读，砥砺前行。

第四本书是华光普先生的《中国古钱大系》，一套可分甲、乙、丙、丁四本。

此套著作，想必大多数泉友不会陌生。它是在《中国古钱目录》基础上，增补、修订而成，比前者更臻完善和实用。书中按照币品的历史年代排序，有评级、标价，并注明版别、币质、铸期、铸地、主要特征等要素，让读者一目了然，可谓当今钱币收藏界普及最广、最受欢迎的钱币工具书。

小勤在2005年买下这套书，此时的他，已不再是钱币小白，并已涉猎不少历代钱币品种。有了此书，每获一枚钱币，小勤都会迫不及待地在书中寻找比对，尽管有时欣喜，有时失落，有时算是捡漏，有时也会买贵了。但对他来说，这都是一种十分幸福的体验过程。

第五本书是关汉亨先生的《中华珍泉追踪录》。

2007年，小勤在钱币市场淘到这本书。该书着重记述了钱币的出土、发现、流传、现今存世数量及价值等，使小勤对古泉中一些大珍名品有了进一步了解，并激发了他追珍猎奇的强烈欲望。从此，他沉浸在无穷无尽的想象中，一心希望获得古钱重器，有时候，他做梦也在淘钱币捡漏，直到醒来，还意犹未尽。

正所谓，心心念念，总有收获。在此书的指引和小勤的努力下，他先后幸运地获得了金错刀、龙凤、靖康、徐天启、太平天国大钱等古泉名誉品，可见此书的神奇效果。

以上便是小勤难以忘怀的5本钱币书，它们陪伴着他，改变了他的人生。正所谓"开卷有益"，多年的阅读习惯，使小勤从一名草根玩家，逐渐升级成为一位有藏品、有眼力、有学问的古泉内行。

当然，还有不少钱币书值得一看，如唐石父的《中国古钱币》、汪圣铎的《中国钱币史话》、戴志强的《古钱币鉴藏》等，也包括一些关于银圆、铜圆和纸币的著作，都可谓好书。加上近年来，钱币收藏类书籍和刊物，如雨后春笋般层出不穷，在此就不逐一列举了。

"书籍，是人类进步的阶梯。"无论是钱币收藏大家，还是成千上万的草根钱币爱好者，在他们床头或书案上，都会或多或少有几本这样的钱币书。

形形色色的钱币书，印证着每一位泉友的成长和满满的回忆，永远都无法抹去。纵然，我们的钱币藏品价值普通、数量有限，但从这些书中所吸取的宝贵知识，却是能够陪伴一生的财富。

玩钱币：你准备好了吗？

玩钱币，我们要做很多准备。

一

95后泉友小可，入坑不到半年，是标准的钱币新人。

对他来说，如何识别钱币真伪，是必须要过的一道坎。近年来，钱币收藏火热，形成巨大的资本市场，在利益驱使下，钱币造假手段层出不穷，各类钱币赝品不计其数。这给广大集币爱好者（特别是新人），带来了极大的困难与麻烦。

赝品泛滥，玩钱水深，实在让小可头痛，为避免买假吃药，他先后买了《古钱鉴定必读》《钱币收藏新手入门》《古泉真伪对比图册》《古钱捡漏实战手册》《历代钱币辨伪宝鉴》等工具书，这些书堆满整整一书桌，他日夜翻看，不知疲倦。此外，他时常跑市场、逛地摊、练眼力，希望早日变成火眼金睛。

正所谓："道高一尺，魔高一丈。"如今的造假技术便是如此。新手毕竟是新手，被宰是早晚的事，小可也不例外。

起先，一枚老仿的顺天元宝，一枚同模翻铸的太平天国圣宝，迷惑了小可眼睛，他以为是真品，兴冲冲买下来。结果，花不少学费，买了个教训。

"既然，古泉名誉品是重灾区，那么我买些普通钱币，总不会有假吧。"小可心想。

于是，他又买了热门的大顺，黄亮的雍正，看着枚枚大开门，结果一鉴定，都是精仿。

"看来，我的准备做得远远不够！"小可唉声叹气，十分迷茫。

二

泉友小舟是乾隆通宝版别迷，总是梦想有朝一日，能成为大神，为此，他一直在做准备。

乾隆通宝是乾隆时期货币，乾隆皇帝在位60年，施展"文治武功"，创造出封建社会最后一个盛世，同时铸行了数量巨大、品种繁多、版别复杂的乾隆通宝（图1）。比如，光是"隆"字的写法，就有山隆、正隆、生隆、田隆、缶隆、金隆等区别。

图1乾隆通宝组图

据说佩带乾隆通宝，可驱灾辟邪，又因乾隆二字谐音"钱隆"故一直备受藏家们喜爱。

为了能够玩好、玩精、玩透，小舟业余时间，积极比对图谱，研究版别，下足功夫，忙得不可开交。

随着过手钱币增多，小州沾沾自喜起来，自以为已经玩遍乾隆版别，便开始以"大神"自居。

直到有一天，他加入乾隆版别微信群，认识了一批批发烧友，这才发现，原来"人外有人，泉外有泉"。

在群里，随便一枚乾隆、一个版别，就能将他难倒。小舟恍然大悟：

原来自己以前所见过、玩过的乾隆通宝，只是冰山一角！原来，自己是如此的渺小与无知。

三

泉友阿良心里很清楚，玩钱币，要准备很多的钱。

于是，他努力工作，拼命赚钱，为了梦想，为了撸币。

在这个钱币价格飞涨的时代，嘉庆过百，泰昌过千，隆庆破万，已司空见惯。但阿良不嫌贵，都一一将它们买下。他接下来的目标是：购买空首布、金错刀、龙凤、靖康、徐天启这些大名誉品。

一天天过去，阿良花钱越来越多，他逐渐发现，自己忽略了一个重要问题，那就是：钱币不停地在涨价，而且越涨越快。他的开销，几乎每次都超出预算。

无论他如何省吃俭用，如何努力打拼，他赚钱的速度，总是赶不上钱币涨价的速度。

玩钱币，究竟要准备多少钱？是五位数？六位数？七位数？还是更多？谁能给他答案？

为玩钱币，泉友们付出了太多，包括精力的耗费、时间的投入，财力的储备、知识的积累等。然而，尽管做了如此多准备，我们却往往还是捉襟见肘，难以准备充分。其实，这正是钱币的魅力所在，而并非我们的错。

我国数千年钱币遗产，浩浩荡荡；钱币文化，悠久绵长。也许，我们对玩钱币的准备，一直在路上，永无止境。

留在我们身上的玩泉"记号"

玩钱币是一门很深的学问,为了把钱币玩好,我们必须付出精力、时间、感情、金钱等,当然,也包括我们的身体。

一、眼睛

玩钱币,我们用得最多的是眼睛。

因为眼力至关重要,识别钱币真假靠它,查看钱币瑕疵靠它,判定钱币等级考它,甄别钱币品种同样靠它。

可以说,眼力就是一把刀,我们逛市场、跑地皮,往往捡漏是它,打眼也是它。所以,要想玩好钱币,必须先练就好眼力。

泉友小周因眼力欠佳,几次买假,错过珍品,甚至被人捡漏。他痛定思痛,下定决心要练好眼力。经过日夜不息地看钱币、辨真伪、读资料、对钱谱,他终于练成"火眼金睛",不再走眼,不再买假,也捡到了漏。

然而,由于小周时常熬夜,用眼过度,他开始眼睛痛、眼眶肿,有了黑眼圈,原本的双眼皮,也变成了单眼皮。就连他那纯净的眼神,也黯淡无光了。小周很焦虑,不禁感叹:"真是有得必有失啊。"

二、双手

泉友韩哥是一线铲地皮的。数年来,他跋山涉水,进城下乡,过手的原坑钱、罐装钱、筒子币,数量已多得无法估算(图1)。

韩哥钱币生意虽红火,但代价也大。他那双原本白嫩细腻的手,因长年做摸钱币、开筒子、清泥土、刮铜锈等脏活,也逐渐变成了"古董"。手上不仅老皮、老茧很多,还如同古钱一样,长出一层包浆,可谓面目全非。

图 1 古钱币（批量）

每当看到他那又黑又老又皱的手，我们简直无法相信他是一个"80后"。

好在乐观的他，总是笑着说："也罢也罢，这就是钱币们馈赠给我的特殊礼物！"

三、颈椎、腰椎

泉友大志，一心想成为钱币界大神。他玩钱币，堪称"拼命三郎"。通过不懈努力，他如今已藏品甚丰，学术有成，但他并不知足，立志要完成数十万字的钱币学术著作，以追求更高境界。

于是，他野心勃勃，日夜不停，茶饭不思，埋头研究钱币，或是拼命写作，不知疲倦。

本以为会大功告成，可事与愿违。大志逐渐腰痛脖子疼（图2），头晕眼花，手脚发麻，连钱币也捏不紧了，实在痛得难以入睡，他只好去就医。

"你的颈椎和腰椎病，都很严重，突出的椎间盘，已压迫神经，必须治疗。这是你长时间玩钱币、写文章，不注意姿势，又不休息造成的

图 2 脖子酸痛

后果。"医生严肃地说。

"唉，透支的身体，是迟早要还的。"大志叹气道。

除以上这些，因为玩钱币，留在我们身上的特殊印记和伤痕，还有很多很多。钱币对我们的恩赐，有些是肉体上的，有些是精神上的，有些是思想上的，有些甚至是更深层次的。

对此，我们只要能注意身体，把握"适度"原则，那么，"痛并快乐着"，或许也是我们在收藏之路上一种别样的人生经历与财富吧。

玩钱币：始于颜值，终于价值

我们广大泉友，总是被钱币吸引，从而深深迷恋，不能自拔。这是为什么呢？我想，除了钱币自身特有的历史价值外，还有一个很重要的原因，就是它的颜值。

许多泉友的钱币收藏，往往始于一枚高颜值的钱币。

比如我，记得在学生时代，买到的处女藏品，是北宋徽宗的大观通宝。它隽秀的文字，美丽斑驳的锈迹和千百年的沧桑气息，对我产生了巨大的吸引力，我端详它时，仿佛穿越时空，在与古人对话。从此，我走上了收藏古泉之路，可见高颜值钱币的魅力，是十分巨大的。

我相信，在钱币收藏圈，像我这样的颜值控，一定不计其数。一枚钱币的颜值，包含了形态、铸工、钱文书法、色泽等诸多因素。高颜值的钱币，的确让人赏心悦目，爱不释手，泉友们对它的爱，也各不相同。

有的泉友，对钱币形态，情有所钟。他们迷恋空首布的奇特造型，齐大刀的古朴大气，鱼币（图1）、鬼脸钱（图2）的端庄可爱，王莽金错刀的独具一格，咸丰大钱的厚重饱满，历代花钱的活泼生动，等等，可谓千姿百态。

图1 鱼币

图2 鬼脸钱

有的泉友，对钱币的文字书法，如痴如醉。比如悬针篆的凝重，瘦金体的铁画银钩，玉筋篆的圆润俊美（图3），九叠篆的流畅多姿，还有行书、隶书、草书、楷书、满文、西夏文、八思巴文等等，可谓目不暇接。

有的泉友则很"好色"，对颜色美艳的古泉，无法抗拒。他们喜欢东西南北不同坑口所产生的各种美锈钱币。

图3 泰和重宝

比如薄绿锈、爆蓝锈、朱砂结晶锈、黑漆古、精白铜、传世黄亮包浆等等，还喜欢金银币的光彩熠熠，纸币的色彩斑斓，可谓眼花缭乱。

还有些泉友，喜欢追求完美，他们对钱币形态、尺寸、重量、色泽等各方面都有很高要求，是名副其实的品相派。

由此可见，泉友们对钱币，真是"青菜萝卜，各有所好"，但往往都有一个共同点，那就是他们的收藏之路，几乎都始于钱币的颜值。

一枚高颜值钱币，如同一位美女，追求者众多。在当今网络时代，更加受追捧，大多已成网红。

比如，普通开元，价格一般只有几元，颜值高的却能过百元；普通顺治数十元，颜值高的数百元，普通咸丰元宝当百（图4）价值数千元，品相高的价值万元以上……这样的例子，不胜枚举。而一枚既稀有又高颜值的钱币，更是如此，价格往往暴涨数倍甚至数十倍。

图4 咸丰元宝当百

漫长收藏之路，几乎每一位泉友都会碰到瓶颈，有些能突破，有些却无法逾越。因为随着藏品的增多，知识水平的提高，我们对钱币的要求，也会越来越高，想要买的钱币也越来越贵。

比如有的泉友，刚拥有了一枚高颜值钱币，却又发现一枚更漂亮的，只能再买；刚花高价买下一枚名誉品，又想买一枚更稀少、更贵的；

旧藏不舍得卖，新的又高价买入，这样只进不出，举步维艰。

有的泉友，虽然有卖有买，以藏养藏，练地摊，搞网拍，苦心经营。但在当今钱币行情飞速变化，价格扑朔迷离的时代，经济上仍然入不敷出，捉襟见肘。

有的泉友，坚持不懈多年，玩着玩着，该有的钱币都有了，买得起的也都买了，剩下的那些，要么是珍品，难以寻觅；要么是天价，无法承受。藏泉之路，便只能止步于此。

钱币价格，的确是很多泉友迈不过的一道坎。面对价值十几万、几十万甚至上百万元的钱币，我们大多数泉友只能望而却步。当然也不乏一些泉界大咖，生意风生水起，资金源源不断，藏品如数家珍，但这毕竟是少数。

其实，对于钱币收藏者来说，钱币收藏之路——快乐就是王道，藏泉的最高境界——看过即是拥有。

一味追求钱币的颜值和稀少程度，是永无止境的，我们大可不必强求。或许，我们的收藏，终会有停止的一天，但我们相信，这只是藏品数量上的停止，并不是思想上的停止。无论世界怎样变化，我们对钱币的热爱不会停止，对收藏的情怀不会停止，对知识的传播不会停止。只要我们秉承信念，勇于探索，坚持传承钱币文化和收藏理念，就依然能走出自己的路。

致我们的钱币网商新时代

对于许多泉友来说，我们如今的时代，是最好的时代。

不久前，一枚元末篆书折三徐天启通宝，网拍出上百万元的高价，没过几天，某微拍堂的西夏孤品崇庆元宝（图1）更是以两百余万元的天价成交。像这样的交易还有很多，如此价格，如此疯狂，可见眼下钱币市场之热度。

图1 崇庆元宝

泉市的利好行情，首先归功于今朝全民收藏的大格局。由于近些年来股市行情低迷，房价波动，等等因素，再加上老百姓们审美水平与文化自信的提高，越来越多的人愿意把自己的资金投入艺术收藏品领域。毕竟这种投资，具有市场稳定、风险小、获利较高等特点，是其他投资无法比拟的。

同时，人们对网络大数据的掌握和运用，也起到了重要作用。短短几年里，从 IT 到 DT，从"互联网+"到"大数据X"，深刻影响着钱币收藏界，使我们了解钱币的渠道一下子畅通了许多。各种钱币收藏品的网络营销手段，也让我们买卖钱币变得更加便捷。可以说，只要你有钱，就没有买不到的钱币；只要你有渠道，就没有卖不出的藏品。

此外，各种历史类电影、电视剧的热播，也让不少古钱币极速升温。从《甄嬛传》到《芈月传》，从《延禧攻略》到《如懿传》等，一部部历史剧，看得人们目不暇接。在吸引大众眼球的同时，也将一些文化理念潜移默化进入人们心中，同时，钱币的价值也被更多人所重视与认可，并愿意去购买和收藏它们。

2018年的钱币市场行情，上半年形成高峰，下半年虽有所波动，但整体来说还是好的。面对如此难得的历史机遇和钱币行情，许多泉友不免动心，纷纷加入钱币网商的行列。各类钱币交易网站、交流论坛、手机软件、微信公众号和平台等，可谓风生水起。网络的力量是神奇的，泉友的努力是不懈的，于是，经过一番番炒作，钱币中的名誉品拍出了天价，小精品插上了翅膀，暴涨数倍，好品银圆、纸币价格数千上万，也早已习以为常。就连不少普通品种的钱币，也受到了前所未有的眷顾。

俗话说：站在风口的猪，也能飞上天。用这句话来形容现在某些普品钱币的行情，真是再恰当不过了。

比如，普品两汉五铢、开元通宝，颜值高的，也能够卖到三位数，朱砂锈（图2）、爆蓝色的，更是涨至数百元，可谓史无前例的昂贵。

图 2 开元通宝

雍正钱早已异军突起，顺治钱风头正盛，连再普通不过的康熙、乾隆通宝，如今也崭露头角，它们普品中的好品相者，动辄几十上百元，不足为奇。

还有五帝钱、罗汉钱、吉语钱等特殊品种钱币，也通过网络这个再好不过的媒介，不断被炒作，价格一度飙升，一跃成为时代宠儿。连扎堆打牌的大伯、跳广场舞的大妈，都知道这些钱币寓意吉祥，能够招财、避祸、保平安，纷纷争相购买，大有供不应求之势。

一切的转变来得那么快，让我们猝不及防，又似乎都那么顺理成章。新时代造就了钱币网商们，网商们又引领了新时代的潮流。不少泉友赚钱了，不少泉商致富了，钱币文化也被普及了，这真是一个疯狂的时代！

然而，从某些角度来看，这个时代还存在着一些问题。

钱币价格的飞速增长，在带来经济效益的同时，也造成种种弊端。首先导致的是两极分化，一些大泉商，钱币数量充足，往往囤积居奇，任性喊价，他们有的年入百万，有的一朝暴富，心中暗暗自喜。

而那些可怜的小玩家，只能在夹缝中玩着钱币收藏，平时省吃俭用攒下来的钱，却买不到一枚心仪的钱币。比如8000元的永通万国，1.5万元的雍正宝南，3万元的乾封泉宝，5万元的龙凤通宝，数十万元的祺祥重宝，试问如此价格，让工薪阶层小玩家们情何以堪？更悲催的是，这样的小玩家，往往又占绝大多数。

由于钱币收藏的门槛越来越高，很多泉友越玩越穷，最终只好放弃了自己的爱好。面对如此局面，我们又能做些什么呢？

其实，献身于金、商业、利润，本身是无可厚非的，但这种献身，不能是盲目行为，并始终要考虑到道义、合理分配和道德准则等底线问题。那些没有底线、无视变化的人，生意不可能兴隆，事业不可能成功。经营钱币也是如此，一味追求暴利的垄断行为，必然会影响祖国钱币文化的交流与传承，终将被时代所摒弃。

或许很多泉友们会感慨，如果时光回到10年前、20年前，甚至更远的时代，那该多好啊。在那时，五铢、开元通宝成堆摆放，北宋、南宋钱币称斤论两（图3），天启当十成串地卖，咸丰大钱随处可见。现在看来，那是何等不可思议的景象。

可是，没有人能够挽回时间的狂流，没有人能够预测钱币收藏品市场的未来。正所谓："不忘初心，方得始终。"我们每一位泉友，在收藏和盈利的同时，应该怀着责任心和对钱币的真爱，在新时代里，

图 3 成堆铜钱

尽自己努力,将钱币文化传承与发扬光大,这才是我们义不容辞的神圣使命。

如何看待钱币收藏品市场"风口论"

2019年,我们迎来猪年。随着大地回春,钱币收藏品市场,也开始回暖。不少风口上的钱币品种,价格一路持续升温,新一波行情势不可挡。在泉市蒸蒸日上的形势下,越来越多的泉友开始相信"站在风口上,猪都会飞"的"风口论"。

这句时髦的话,出自小米创始人雷军,他原话是这样的:"创业,就要做一头站在风口上的猪,风口站对了,猪也可以飞起来。"

如今,它被很多人奉为金科玉律,他们每时每刻,都在积极关注并寻找"下一个风口"。我们不少泉友也是如此,认为只要风口找对,就能在钱币市场中叱咤风云,赚得盆满钵满。

这个"风口论",粗看一下,似乎颇有道理。从今年3、4月份几场大型交流会情况来看,各类钱币热门品种的行情,仍在上升通道中,特别是一些明、清钱币小精品、美品的成交量非常不错。

比如嘉靖、隆庆、太平天国、顺治、康熙、小型花钱,还包括一些铜圆、银圆、纸币等,只要价格到位,大多分分钟售罄,属于高位运行品种。有些钱币品种虽不见涨,但也并无下跌。可见,眼下钱币市场总体行情颇为乐观,这个风口依旧强劲。

然而,"风口论"的风险,仍然无处不在。

首先,受当今经济大环境的影响,大多数工薪阶层泉友,购买能力有限。不少昔日风口上的古钱名誉品种,比如王莽六泉十布中的稀少品、太和五铢、得壹元宝、徽宗系列、建炎通宝点建等等,成交并不理想。在本月某交流会上,一枚西汉好品三铢,卖不过一枚太平天国小平钱(图1);一枚稀少的南宋乾道元宝背"正"(图2),卖不过一枚康熙大南（图3）。这些现象，不能不引发我们深思。

图1 太平天国钱币   图2 乾道元宝背"正"

图3 康熙通宝"台""南"

此外，有些风口上的钱币品种，目前已是横盘状态，由于题材耗尽、不成系列等种种情况，后劲明显不足。还有些钱币，价格已下滑，如西夏天盛、皇建、光定元宝、清天命通宝等品种。

目前钱币市场行情，变数依然较大，对未来走向进行预测，仍有一定难度。比如有泉友认为下一波猛涨的钱币，会是天定、大义通宝，便高价买入不少，结果它们并无大涨；也有泉友认为得壹、顺天会猛涨，结果其涨势也有限。所以，我们若要投资，必须十分谨慎，不能盲目跟风。

不光是钱币收藏市场，在其他领域，也有不少产业因为盲目跟风，最后只留下一地鸡毛的结局。比如近几年涌现出的许多共享单车，以及一些凭借网红吸引用户的短视频，曾一时间蔚然成风，但好景不长，风口一过，优势便消失，又因为资金或管理等诸多因素，很多都纷纷失败。

对于这些摆在眼前的教训，我们应引以为戒。雷军提出的"风口论"，是站在自己成功的角度，回溯过去，总结经验，强调抓住风口的重要性，我们切勿片面理解它。

马云曾悲观地讲道："有一天，风过去了，摔死的都是猪。"当下，钱币收藏品市场的繁荣，这本是件好事。但我们必须时刻提醒自己，不能想当然地认为，经营钱币是件很简单的事，只要搭上风口，就能万事大吉。因为无论再大再强的风口，终会有过去的一天。我们泉友，必须不断修炼自身，才能迎接市场的挑战。

诚然，以上是笔者个人观点，疏漏之处在所难免。真心希望我们每一位泉友，在风口的孵化作用消退后，不会狠狠坠落地面。而是照样能够凭借自己能力，展开隐形的翅膀，成为轻盈驰骋的"飞猪"。我认为，这才是皆大欢喜的事。

"绝口不提"玩钱币

闲鱼网上，一枚西溪坑大中通宝背"十浙"（图1），被低价售出，只卖了略高于大中背"十"的价格。对此，泉友们纷纷表示惊讶。

图1 大中通宝 背"十浙"

被卖的大中钱，是年轻泉友小杭的藏品。短短一个月内，他通过各种渠道，已惠让近百枚钱币，上至先秦，下至明清，包括空首布（图2）、齐大刀、得壹顺天、天定大义、隆庆大明、太平天国、大清宣三银圆等品种。

卖亏了？是的，的确亏了。但这一切，小杭并不在乎，他在乎的是重病的父亲。

上个月，小杭父亲因重病住院，病情不容乐观，急需手术治疗。

病房里，父亲虚弱地躺着，小杭看到那个曾经为他遮风挡雨的高大身影，竟已如此苍老，不禁潸然泪下。他的

图2 空首布

思绪,飘飞到过往岁月。

10年前,小杭爷爷发现孙子酷爱收藏钱币,十分赞赏。为了支持孙子的爱好,他不顾一切,将自己养老看病的积蓄,几乎全给了小杭,让他买钱币。小杭高兴极了,很快买到了许多历代钱币品种。可没想到,后来爷爷得病,由于没积极治疗,不久便去世了。年少不懂事的小杭,虽得到了钱币,却失去了深爱他的爷爷。对于爷爷的离去,小杭一直懊悔不已。

爷爷去世后,小杭父亲也非常支持他玩钱币。父亲曾跑遍城里所有书店,给他买了一本《简明古钱辞典》。为了让某位老藏家帮小杭鉴定钱币,他曾冒着刮风下雨,几次带小杭登门拜访;听闻某地有钱币发现,父亲曾带小杭坐火车,日夜兼程赶往。这些感人事迹,小杭一直记忆犹新。

如今,父亲病危,急需手术,加上日后的治疗,必须筹备足够的钱。小杭只是个学生,没有收入,母亲是一名下岗职工,哪来这么多钱?但他怎能置之不顾?他已经失去了爷爷,不能再失去父亲了。

于是,小杭下定决心,卖掉自己的钱币藏品,在短时间内筹足钱,给父亲治病。

"爸爸,你一定能好起来的,一定能!"小杭在心里拼命呐喊着,"只要能挽回爸爸生命,哪怕倾尽财力,哪怕卖光钱币,我也在所不惜!"

经过小杭的努力,大部分钱币被卖掉,终于凑够需要的钱。

手术如期进行,并且比较成功。看着父亲身体一天天转好,小杭如释重负。父亲感激地看着儿子,两人热泪盈眶。

"孩子,你以后还会玩钱币吗?"父亲关切地问。

"卖掉了, 再也不玩了。"小杭回答。

父爱如山,为了父亲,放弃钱币,值得。

从此,小杭绝口不提玩钱币。他不再逛市场,不再赶交流会,不再网购竞拍,不再聚会泉友,大家都觉得他变了,变得不爱钱币了。

然而,他真的彻底忘记钱币了吗?

聪明的小杭,早已将卖掉的钱币,逐一拍了照,存在手机里。每当想念之时,他可以随时随地,打开手机相册,欣赏那些宝贝的"倩影",过一把瘾。毕竟,即使不能过手瘾,能过过眼瘾也不错。

　　此外，他还利用空余时间，积极撰写钱币收藏类文章，不到一年，已向《中国钱币》《中国钱币界》等刊物和"钱币圈、集币在线"等公众号投稿数十篇，并获发表。在小杭看来，钱币藏品虽已卖，但知识却能传承。自己对钱币的真爱，已无须多言，就化为这些文字，让它们默默地传播吧！

　　"绝口不提玩钱币，只因深爱在心里。"或许，有不少像小杭一样的泉友，因种种情况，已不再玩钱币，但钱币并没有真正离开，它们已印刻在我们的血脉中，成为不可分割的一部分。在某年某月某个时刻，它会重新让我们的回忆和情怀涌动激荡、无法停息。这就是钱币的魅力！

玩钱币：何时能知足？

华夏文明，悠悠千载，造就了灿若星辰的历代钱币，它们品类繁多，形态各异，魅力无穷，让广大泉友沉醉于此，不能自拔。

一

"90后"泉友小田是名副其实的"品相派"，他对漂亮钱币一直毫无抵抗能力。

比如一枚美锈五铢，一枚直边开元，一枚西溪坑崇宁，一枚祈福坑大定（图1），虽都是普品，但小田会花几倍、十几倍的价格买来，不为别的，仅仅因为漂亮。他对钱币的追求，不是大珍名品，不是品种版别，而是极致完美，满分的颜值。

图1 大定通宝

那些高颜值钱币，就像一位位美女，每当小田欣赏把玩它们时，颇有独占群芳的成就感。

然而好景不长，小田逐渐发现，他的罐装直边钱币，竟然有暗裂；

195

锈色极美钱币，竟然有修补；字口一流钱币，竟然有后加笔；这些他以前自认为完美的钱币，原来都不完美。更悲催的是，他总会发现下一枚钱币，它的颜值更高，它的字口更好，它的锈色更美。于是，小田又抛弃旧爱，不计代价地买来，然而不久，他又发现，还有更完美的下一枚！

小田开始迷茫，开始困惑，他的追求完美之路，仿佛没有尽头。这可如何是好？

殊不知，这个世界上的钱币，没有最美，只有更美。而更美，没有止境。

二

"80后"泉友小何，是元末起义钱币"五虎将"的"死忠粉"。

"五虎将"指的是徐天启、龙凤、天佑、天定和大义通宝，此套钱币系当时各地割据政权领袖韩林儿、张士诚、徐寿辉、陈友谅等铸造的，是那段刀光剑影、血雨腥风历史的见证。它们不仅铸工精良，数量稀少，在古泉界享有盛誉，而且还有个共同特点——价格都死贵。

按目前行情，一枚普品元末"五虎将"，就要数千元，而品相好者，动辄上万，甚至数万元。一整套好品"五虎将"，价值高达十几万、几十万，甚至上百万元，也都是很常见，这还没包括篆书徐天启等顶级品种。如此天价，让工薪阶层泉友无法承受。

起初，小何要求不高，他只想拥有"五虎将"的其中一枚，便足矣。

于是，他花数千元，买到一枚天定通宝小平钱，谁知钱币一到手，就被它的魅力深深吸引，想买更多的欲望，如洪水猛兽般无法阻止。不久，他又买了天定通宝折二和折三，花费上万元，好不容易凑齐了一套。

接着是陈友谅的大义通宝，同样也有三种，小何四处寻觅，花大价钱，把它们也买齐了。

虽拥有了天定通宝和大义通宝（图2），但小何却高兴不起来，他像着了魔一样，仍无法满足，下决心要将一整套元末"五虎将"全部买齐。

为能拥有"五虎将"，只有勒紧裤腰带了。小何眼睁睁看着同学们一个个买车买房，娶妻生子，过上幸福生活，而自己只能骑电动车，住

图 2 天定通宝和大义通宝

出租房,省吃俭用,把全部收入几乎都用来买钱币。

漫漫玩泉路,特别能烧钱。说白了,天定、大义只是"五虎将"中的下级品种。而天祐、龙凤、徐天启(图3)这三种钱币,才是真正的主角,它们相比天定、大义,更难寻觅,价格也更贵。

图 3 徐天启通宝一组

小何志向远大,他马不停蹄,开始挑战龙凤通宝。年底前,他看中一枚心仪的龙凤折三,打算等发了年终奖,就把它买下来。但谁知,古泉行情蒸蒸日上,元末"五虎将"价格更是日新月异,年前花一万大几还能买到的龙凤,到了年后,没有 3 万元,影子都见不到。

结果,小何花费将近 4 万多元,终于买下一枚龙凤通宝折三。

小何是公司白领,工资不算低,但在昂贵的"五虎将"面前,还是捉襟见肘。自从买了龙凤,他便得了内伤,几个月没缓来,对买"五虎将"，他有些心有余而财力不足了。

钱总是不够用，泉总是买不完。生活的拮据，亲人的不解，成家的压力，未来的迷茫，种种困难同时折磨着他，究竟何时是个头？小何感到前所未有的无助，他开始怀疑人生，开始扪心自问："难道自己走的，真是一条不归路？"

我国历代钱币，如同一个神奇又巨大的黑洞，吸引着广大泉友去收藏、品味、把玩、研究。玩钱币，何时能知足？这是一直困惑泉友们的问题。或许，很多泉友和小田、小何一样，耗费了大量时间、精力与财力，却往往还是杯水车薪，难以知足。

漫漫藏泉路，如果我们一味追求钱币品相的极致、数量的稀少、价值的不菲等，往往容易走火入魔，得不偿失，最终被自己的欲望所吞噬。对此，我们不妨静下心来，放慢脚步，调整心态，看淡得失，因为：

只有心怀感恩，方能游刃有余。

只有懂得知足，才会收获快乐。

你的钱币，找到"接盘侠"了吗？

每天，我们都在从事一项高尚的娱乐活动——玩钱币。

玩钱币戏称"撸币"，其诱惑之大，自不必多说。泉友们往往一摸钱币神清气爽，一撸钱币心旷神怡，甚至如痴如醉，以身相许。

那么，钱币究竟要怎样玩，才能玩得好、玩得精、玩出彩？答案众说纷纭。

有的泉友，钱币只进不出，深藏不露，独自偷着乐；有的泉友，家底较厚，只出不进，忙着赚钱。当然，我们更多泉友，藏品都是有进有出的，因为这样以藏养藏，才能细水长流。然而，寻找自己钱币的下一个"接盘侠"，却并非易事。

一

数年前，泉商祥子花 6000 多元买了一枚隆庆通宝，品相虽不错，但这价格在当时，那真是死贵。他一冲动买下来，却怎么也卖不出去。

都说冲动是魔鬼，这枚隆庆，买得祥子得了内伤，甚至开始怀疑人生。他心想："唉，这枚钱，我恐怕要留着，自己撸一辈子了。"

可没想到，近年来，古泉行情蒸蒸日上，隆庆通宝（图1）作为明钱代表之一，更是当年明穆宗"隆庆开关"通商的见证，这些与生俱来的优势，使它一跃成为大热卖品种，价格

图1 隆庆通宝

几度飙升。

上个月，在某交流会上，祥子轻松地以 2 万多元的高价，华丽地卖出了他的隆庆通宝。看着自己的钱币顺利找到"接盘侠"，祥子乐开了花，大呼玩钱币真过瘾！

二

与祥子相比，泉友阿康却没这样幸运。

阿康玩的是西夏钱，其中"西夏三剑客"——天盛、皇建、光定元宝（图 2），是他的最爱。

图 2 西夏三剑客

"三剑客"是西夏政权铸行的汉文钱币，它们钱文优美，铸工精良，意义独特，让阿康无法抗拒。他买了不少，一直屯着，就等行情大涨时，找到"接盘侠"，猛赚一笔。对此，阿康满怀期待，因为他认为"三剑客"绝对有升值潜力。

于是就这样，一年年过去了。

正所谓世事难料，近几年甘肃、宁夏等地区大量西夏钱币被发现，造成它们的价格不但没涨，反而直线下跌。天盛、皇建、光定这三种钱币，自然也不例外。

天盛价格跌了好几成，皇建、光定还不如某些雍正通宝值钱，这便是当今钱币市场赤裸裸的现实。阿康不但没钱赚，甚至还亏了本。

目睹昔日的"三剑客"沦为如今的"三贱客"，阿康不禁感慨万分："它们的数量，虽比以前多了，但和清钱、宋钱比起来，还是相对少的。可不知为什么，价格总是上不去？"

"我的西夏宝贝们，何时才能找到'接盘侠'？"阿康百思不得其解，坠入迷雾之中。

<h1 style="text-align:center">三</h1>

"60后"泉友老杨是个泉痴,他的钱币藏品,一直只进不出,几十年如一日,守着宝贝,过着自己的小日子,岁月静好,与世无争。

然而,漫漫人生路,总是充满诱惑。近几年,收藏品市场热火朝天,钱币价格更是一度飙升,这一切,让一直心如止水的老杨,也难免动心。加上家里要还房贷,儿子要上辅导班,用钱的地方实在太多。老杨觉得,自己是时候出手"干一票"了。

于是,他说干就干,瞄准某场交流会,买好摊位,第一次当起泉商。

老杨的生意不错,因为钱币够好够正,买的人很多,但他毕竟不是职业泉商,对如今钱币市场行情,把握得不准,半天下来,钱币被贱卖了不少。比如,能卖2000元的好品康熙小台,他600元就卖了;能卖5000元以上的洪武"十福"(图3),他2000多元就卖了;把天国太平圣宝(图4)当太平天国圣宝的价卖了;把顺治通宝背"福一厘"(图5)当顺治福的价卖了;把龙洋当大头的价卖了。直到快收摊时,泉友好心提醒,他才恍然大悟,但一切已晚。

图3 洪武通宝背"十福"　　　图4 天国太平圣宝

图5 顺治通宝背"福一厘"

　　收摊回到家，老杨后悔死了，感觉身体和心都被掏空，决定以后再也不卖钱币了。他看到读中学的儿子正在看历史书，就对儿子说："好孩子，老爸不卖了，不卖了。全都留给你，你才是我的'接盘侠'！"

　　我们的钱币收藏，正经历着前所未有的变革时代。正所谓，不同时代，不同理念，那个死守着自己藏品一辈子的年代，也许将一去不复返了。

　　不少泉友认为：钱币，与其让它们静静躺在收藏册里，日复一日，年复一年，默默无闻，不如投放到大市场中，让它们活起来。因为终有一天，我们将离钱币而去，在它们的漫长"生命"中，我们只是匆匆过客而已。寻找到自己钱币藏品的继承人，这其实很重要。

　　或许这样，你的收藏之路，你的钱币人生，才会双赢。

玩钱币：工资四千，副业两万？

玩钱币，究竟能让我们获得些什么？

是读懂历史，掌握知识？

还是欣赏艺术，丰富生活？

抑或陶冶情操，提升品位？

其实，远远不止以上这些，现实生活中，我们有些泉友，把玩钱币当成副业，甚至是主业，并逐步实现了财务自由，人生逆转。

一

"90后"泉友小艾，杭州本地人，大学毕业后，在一家小广告公司从事文案工作，上班下班，朝九晚五，日子过得平淡无奇。一直有情怀、有追求的他，不甘心就这样让时间一天天溜走，逐渐沦为平庸之辈。于是，他利用空闲时间，经营钱币，做起网商。朋友圈、微信群、咸鱼网、限时拍，都有他钱币的身影，品种包括大、小五帝钱，钱到家，吉语钱，御书钱，等等历代古泉。或许因为年轻，小艾脑子里总会蹦出一些小创意，卖钱币也是如此。

比如他挑选数种历代钱币，配成"开元太平（人）至道，天启政和（家）熙宁"的吉语套钱（图1），加以精美装帧，成为馈赠亲朋之物，寓意吉祥，风格别致，颇有卖点。

图1 吉语套钱

又如北宋徽宗的崇宁通宝和重宝，铸工精良，书法高超，是比较有名的币种。小艾灵机一动，有了点子。他挑选出不同色泽（绿色、黑色、金色）的三枚崇宁钱，配成一套（图2），并包装点缀起来。它们分别来自杭州西溪湿地、大运河和西湖（因环境不同，故颜色不同。运河水浑浊，钱币颜色暗；西湖水清冽，钱币金灿灿）。

这款绿、黑、金"经典三色"崇宁套币，美观大方，颜值颇高，又具本土特色，很有艺术性和纪念意义，所以销路很棒，供不应求。

"没想到，一些小小创意，能够赢得意想不到的收获。"

从此，小艾经营起钱币，更有信心了。

图2 崇宁三色套币

二

"70后"泉友老刘，是某家企业普通职员。

受经济大环境影响，单位效益不好，又无发展空间，四十好几的老刘，只能拿着死工资度日，家里开销大，他时常入不敷出，暗暗叫苦。

老刘多次想辞职下海，却又拿不出勇气。毕竟这上有老下有小的年纪，要负担的责任、要考虑的地方太多。

他平时唯一的爱好，就是玩钱币。在朋友提议下，他打算副业卖钱币，先试试水。

老刘捣鼓钱币多年，一直只进不出，日积月累，虽无大珍之品，但屯了不少历代小精品和名誉品，如刀布半两、徽宗御书、大明隆庆、康熙罗汉、雍正乾隆、太平天国等钱币，它们本来就是热门品种，如今更是水涨船高，圈得粉丝无数。

于是，他在儿子的帮助下，在微拍堂、闲鱼、地摊、交流会上等都卖上了，终于取得不俗成绩。

几个月过去，一估算，平均月入两万元左右。

"工资四千，副业两万。"老刘笑得意味深长，感觉自己的人生，从此咸鱼翻身。

玩钱币，对许多泉友来说，既是爱好，又是副业。它带给我们的，不一定只是财富，而是能够利用业余时间，去创造更多价值。在充实生活、实现自我的同时，我们又多了一种新的能力。

幸运的话，或许有朝一日，你的副业就会变成你的事业，这也说不定哦！

所以说，泉友们，请追随自己内心的热情，去做真正想做的事吧。

因为，一切皆有可能。

玩泉之人，以泉致心

"90后"泉友小智书房里，挂着一幅书法，是泉友翁老送他的，"以泉致心"四个隶书大字，遒劲有力，气势不凡。

翁老是位"50后"退休干部，和小智是忘年交，两人品泉论道，甚是合拍，泉友们颇为羡慕。

其实，两人的相识，实属巧合。

那天是星期六，小智照例去杭州古运河边的早市淘宝。只见一位民工手里抓着一把古钱币，正在叫卖。

小智欣喜，急忙上前一瞧，大部分是普通宋钱，但他凭敏锐眼力，看中其中一枚。恰好一旁的翁老，也看中了这枚钱，两人同时伸手去抓。

小智年轻气盛，见有人和他抢钱币，一下子急了，也不管对方是谁，是男是女，多大年纪，只顾用力把钱币往自己这边猛拽。

一时间，你争我夺，可怜的钱币，差点被拉断。

就在这时，对方松手了。小智得到了钱币，是一枚元末至正通宝折二钱（图1），锈色好，状态佳，小智很满意，当即买下。

"小伙子，这枚钱币，只是普通品种，我不稀罕，所以让给你了。"翁老对他说。

图1 至正通宝

小智这才发现对方是位老人，感觉自己有些失礼，忙连声道谢。两人就这样"不打不相识"。

翁老早已退休，一头白发，总是戴着眼镜，穿着西服，一副学者模样。

每次见面，翁老总喜欢给小智欣赏他的新收获。

一次，他从地摊捡漏，获得一枚得壹元宝，便自豪地拿给小智看。

"正所谓，顺天易得，得壹难求。你看，我连得壹也到手了。"翁老得意地说。

小智一看那枚得壹，惊出一身冷汗。

"这东西不对啊，明显是地摊假，难道是翁老看走眼了？"小智心想。

"地摊的东西，要慎重啊。"他没说破，只是提醒翁老。

几天后，小智碰到翁老，他又得意地拿出新收获。

这次，是一枚黄亮篆书天启通宝（图2），在阳光下金灿灿的，煞是好看。

小智一看这钱，一眼假，知道翁老又"吃了药"。

"翁伯伯，一定要慎重，元末徐天启，怎么可能会有黄铜的？"小智提醒翁老。

可翁老并不在意。

图 2 天启通宝（仿品）

小智终于明白，原来翁老年纪虽大，但收藏古钱币，还是个新手，不识真伪，还深深爱上了地摊假。

不久，小智再一次遇到翁老。

翁老照样拿出新收获，小智一看，这次倒好，他买的钱币，档次又升级了，干脆是国宝"金匮直万"（图3）。

"这东西稀罕，值几十万元，嘿嘿！"翁老一边说，一边还发出啧啧赞叹。

"翁伯伯，您买钱币千万要谨慎啊，这些地摊上，不会有什么大珍品的。"

"他们这些民工，根本不懂哪枚钱币珍稀，哪个品种值钱。我是凭眼力玩钱，凭

图 3 国宝"金匮直万"（仿品）

本事捡漏。"翁老自豪地说。

小智对他的话，实在不敢恭维。

就这样，翁老陆续买到了大齐通宝（图4）、天成通宝、靖康通宝、龙凤通宝、太平天国镇库钱等一系列古泉大珍。

小智实在不想再眼睁睁看着老翁，一步步沦为"国宝帮、大珍党"，他决定，不再做"吃瓜群众"。

他和翁老摊牌，说："翁伯伯，有些话，我已忍无可忍，今天就和你实说吧。你买的钱币，什么龙凤、靖康、徐天启，全是仿品，一眼的地摊假！你每次沾沾自喜，以为捡了漏，其实是被骗了！"

图 4 大齐通宝（仿品）

翁老听了这些话，一时不知所措，他看小智一脸严肃，明白了他说的是真的。

"古钱币收藏，现在仿品层出不穷，大有道高一尺魔高一丈之感，新人最好找个老师带带，这样就不容易走弯路。"小智劝说。

"小伙子，你就是我的老师啊！"老翁很感激他，真诚地说。

小智忙说："不敢当，不敢当！"

后来，小智带着翁老一次次逛市场、跑地皮、辨真伪，将自己所学无私地教给他。翁老历史知识丰富，也时常讲给小智听。两人可谓互有收获。

逐渐，两人成为真正的泉友，翁老不再"吃药"，小智精益求精，在漫漫藏泉路上，互相勉励，共同提高。

"玩泉之人，以泉致心。"

若无坦诚相待，难获可贵友谊。在我们古玩圈，无论何时何地，人品永远是王道，这句话，并不是可有可无的心灵鸡汤，而是实实在在的生存法则。

玩钱币：你想成为"超级个体"吗？

如今，"超级个体"一词，点亮了我们眼睛。

何为"超级个体"？或许不少朋友已有一定了解。

举个例子，某些网红借网络风口，造势成功，并赢得巨大收益。如"口红一哥"李佳琦、"美食女神"李子柒等人，他们的年收入竟然可达上亿元。

这样的收入，甚至超过了不少上市公司一年的整体盈利水平，这实在让人吃惊。

于是，他们就成为大家眼中的"超级个体"。

如今，个体经济的魅力与吸引力，正春风化雨般影响着各行各业，于是乎，越来越多人主动离开组织，去释放自我，例如：

工人离开工厂，去做快递员或送外卖；

编辑离开媒体，去做自媒体；

艺人离开经纪公司，去做网红；

司机离开出租车公司，去开滴滴。

同样，我们钱币圈，也开始发生改变。

这几年，不少泉友不甘落后，他们踊跃探索，纷纷开启自己的网络钱币经营新模式，争当梦想中的"超级个体"。一时间，微信、网拍、直播、微信公众号、App、自媒体等，都成为泉友经营钱币的平台。

比如我有个 1993 年出生的泉友，大胆创业做钱币直播。前段时间，邀请我到他的直播室参观，他指着其中一个不到 6 平方米的简易直播间，告诉我："吴哥，请不要小看这个房间，它一年产生的流水就有几百万元！"

而类似这样的直播间，他拥有好几个！

这下，我顿时明白，什么叫后生可畏，什么叫不进则退。

又比如，我认识一位泉友，他创立了一个钱币收藏公众号，每日更新图文信息，定期推送原创文章。如今，该公众号关注人数越来越多，粉丝数和阅读量与日俱增，在业内业外，都有一定影响力。公众号的效益是显著的，光是流量红利，就让他名利双收，风光无限。

以上例子，就是我们钱币圈里，一些优秀个体的自我展现。相信这样的泉友还有很多，他们有的直播销售，有的微拍经营，有的平台撰稿，有的网络教学，他们勇立潮头，敢于创新的精神，值得肯定。

不可否认，一些泉友通过自己不懈努力，如今已具备了"超级个体"的雏形。还有不少泉友，也正在积极行动，让自己早日成为优秀个体。

当我们这些大叔，总爱摆老资格，总眷顾以前的钱币经营模式，并沾沾自喜时，其实，早已被新时代和年轻人的步伐所超越。

如今社会结构，正在由"公司＋员工"向"平台＋个人"转变。说白了，在"互联网＋"时代，只要你有才华，有能力，有一技之长，一般都能找到适合自己的平台，成为独立个体，再逐渐强大起来，放飞梦想。

"超级个体"的不断出现，不得不让我们深思：诚然，当今时势和网络红利，成全了他们，这是大势所趋，是不可阻挡的。我们只有去顺应潮流，才会无往不胜。

从地摊（图1）到实体店，从微拍到直播，近年来，钱币收藏品经营方式的转变，可谓风起云涌，我们所经历的，是前所未有的大变局，可谓机遇与挑战并存。

诚然，平台式的经营模式比实体

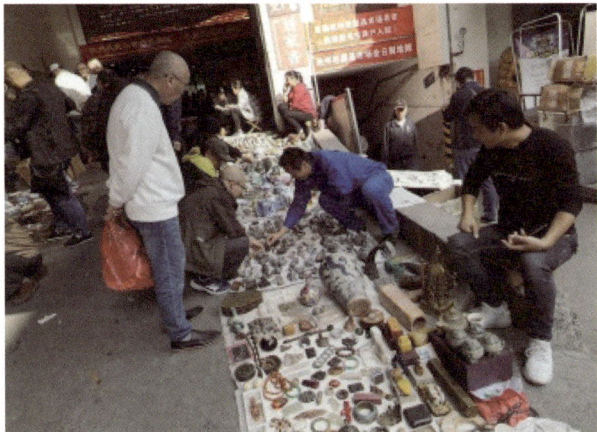

图1 收藏品交流市场地摊

经济生命力更强,优势更明显,它在未来社会更容易生存下来。加上此次受新冠肺炎疫情影响,越来越多泉友进一步感受到网络经营的优势所在,相信他们会选择走这条路。

或许,很多泉友都希望成为"超级个体",享受万众瞩目、名利双收的快感。那么,在如此个体兴盛的大势下,钱币收藏与经营的下一站,又会是什么呢? 相信时间终会给出答案。

那么,就让我们拭目以待吧。

今日聚之江，明日创辉煌
——参加第三届杭州全国钱币交流大会有感

　　时光荏苒，第三届全国钱币交流大会在杭州圆满落幕。此次大会，笔者有幸携父亲及其他家人，参加了4月7日的大会场钱币交流活动，虽然只有短短一天，但感慨良多。现借此契机，谈一下自己感受。

一、体会热度，感受激情

　　通过交流，笔者能充分感受到当今钱币收藏市场的热度和泉友们的激情。7日早上，我们的摊位，刚摆放不到一分钟，就有许多泉友围上来，挑选自己钟爱的钱币，并询问价格，我们一时忙得不可开交。

图1钱币交流会现场

有些泉友好几次光顾，有些泉友不舍离去，可见对钱币之热爱。不光我们摊位如此，整个会场的人气，也一直热度不退。（图1）

二、成交顺利，收益颇丰

　　本次大会，是笔者和家人首次摆摊交流钱币，经过一天练摊，我们发现，凡是品相好、价格合理的钱币，都是分分钟售罄。尤其是一些明清钱币小精品，特别好卖，大有供不应求之势。

同时,泉友们的付款方式也颇为多样化,可谓与时俱进。除了现金支付外,微信、支付宝转账等方法占大多数,充分体现出当今"互联网+"时代的优势。

三、以泉会友,不忘初心

本次钱币交流,我们全家本着"交友第一,交易第二"的宗旨。有不少钱币,以较低价惠让给广大泉友们,有的钱币甚至故意放漏出售。比如各类太平天国钱币,数枚好品康熙通宝宝南局、宝台局,都以低于市场价成交,还包括一些龙洋、大头银圆等(图2),也卖得较实惠。当然,某些相对较冷门的钱币品种,成交并不是很理想,也在情理之中。

图 2 大清银币

这次最大收获,就是结识了不少天南海北的泉友,有些还留下联系方式。大家相识便是缘分,相信彼此定会珍惜。

四、辛勤付出,前途光明

此次,笔者切实感受到浙江省收藏协会泉友会的巨大凝聚力和号召力。

本次大会盛况空前,成交量火爆,好评如潮,影响非凡,被泉友们誉为"人气最旺、氛围最好的钱币交流大会"。以上这些成绩,都是大家辛勤付出和用心呵护的结果。

黄昏,笔者陪同家人走出之江饭店,落日余晖,晕染得大地披上一层金黄。漫漫藏泉之路,不求轰轰烈烈,但求问心无愧。笔者真心希望钱币交流会能够一次比一次更上一层楼。

寻找属于你自己的钱币江湖

在我们宽广的收藏界，有钱币收藏，就会有泉友，有钱币交流，就会有江湖。每个人的钱币江湖，各不相同，一回邂逅，一次收获，一段经历，一群好友，故事虽不一样，却各有自己的精彩。

身处钱币江湖之中，是机遇，还是凶险？是收获锦鲤，还是荆棘满身？让我们听听几位泉友的心声。

一、钱币江湖，风云四起

古小胖，一位闯荡江湖的资深泉友，每当他回忆起数十年前，在杭州古荡镇某工地出土钱币之事，仍然激动不已。那次的钱币，据说有200多斤，小胖消息快，胆子大，兴冲冲赶过去，花大价钱，一买就是100斤。满头大汗的他，搬回去一挑选，大多是些普品宋钱，以及少量至正、大中、洪武通宝。正在失望之际，老天却没亏待他：虽无龙凤、徐天启，他却发现一枚天祐通宝折三，这下算是回本了，小胖很是满足。

得意的小胖，开始摆地摊出售。没想到，稀少的天祐迟迟无人买，却来了一位老者，他表情淡定地问小胖买走了一枚洪武通宝。那时的小胖，对钱币只知大概，一见是枚洪武，背后又没字，以为不值钱，便欣然卖掉。后来他才得知，那是一枚洪武通宝折二光背钱（图1），其铸量远少于徐天启，是难得的珍泉。这下，小胖肠子都悔青了，一连感叹好

图1 洪武通宝

几天:"唉,姜还是老的辣! 遇到江湖中的高手,我只好自认倒霉了。"

二、钱币江湖,行情迷惘

1991 年的时候,泉友阿刚还只是个小男生,不懂收藏钱币,每天老是吵着要买玩具,那些手枪、汽车、变形金刚玩具是他的最爱。记得那天,父亲给了他 10 张崭新的 2 元车工人民币(图 2),贪玩的他,迫不及待地一口气跑到小店,买了一把高级玩具枪,玩得不亦乐乎。

图 2 2 元车工人民币

然而难料的是,近 30 年后,好品 2 元车工,早已成为纸币热门收藏品种,单张价格早已过千元,阿刚十分后悔当初买了玩具枪,每次回想此事,觉得浑身难受。

三、钱币江湖,风险莫测,真情可贵

对于泉友大刘来说,3 年前的那回"吃药",一直让他心有余悸。当时,某钱币贩子有一枚雍正宝台,大刘一看,正面的雍正通宝四字,苍劲有力,显然大开门,背面满文宝台两字,也是古朴自然,看不出一点造假痕迹。一心想买珍品的大刘,觉得这次自己捡了大漏,再也按捺不住内心躁动,急忙出数万元高价,欣喜万分地将这枚"稀世珍品"买了下来。不料,后来他拿去鉴定,发现这只是一枚臆造品。它由一枚普通雍正通宝和一枚乾隆宝台(图 3),故意将钱背做薄,然后两者粘连在一起做成。其手法之精妙,可谓是"两钱合璧,瞒天过海"了。所以光看钱币表面,发现不了破绽。可见,制造者为谋取利益,想尽鬼主意,让买者防不胜防。可怜大刘的血汗钱,全部白白交了学费,"吃了药"。幸

图3 宝台局乾隆通宝

亏大刘认识一位公安局的警察泉友，他想法帮助大刘找到卖主，最终妥善处理了此事。大刘至今感激不已，感叹道："江湖虽风险，但还是好心人多啊。"

以上这些，只是变幻莫测的钱币江湖中的小插曲，我相信，许多泉友都有自己的江湖故事。热闹的小吃摊，深夜的大排档，约上几位知心泉友，无须满桌佳肴，名烟好酒，哪怕只是两碟小菜，一壶浊酒，一边撸串，一边胡扯，交流藏品，交换故事，也会感觉到人生是如此畅怀。

当然，你的钱币江湖，不一定要喧闹，只要适合自己，就是最好的。那些喜欢安静的泉友，可以相逢茶室，或在家中，手里把玩着钱币，眼前是熟识老友，口中是浓浓香茶，耳畔徐徐响起老歌《光阴的故事》，这份安静的美好，绝不输给午夜的迷醉。

以上这些，都是我们自己特有的钱币江湖。

一个人玩钱币，不免有些寂寥。如果能与泉友品泉论道，吹牛斗嘴，岂不快意人生？钱币江湖虽有风险，但更多的是良师益友，只要你坚持理想，不忘初心，必能逢凶化吉，游刃有余。在此，真心祝愿每一位泉友，都能找到属于自己的钱币江湖。

做一个有诚信的钱币人

古往今来,诚信,一直是做人之本,立业之根。我们收藏和经营钱币,也是如此。

一

泉友小军,工作之余,做起钱币网商,"诚信经营,快乐收藏",一直是他的原则。

或许是杭州人的关系,小军特别痴迷南宋钱币(图1)。两年前,他入手了一批南宋折二钱,有背纪年的,也有光背的。虽说是通货,但属杭州本地坑,字口正,锈色美。他觉得,这些钱应该能卖个好价。

图1 南宋钱币

谁知钱币行情,总是风云变幻。当下,大多数泉友钟情于明清钱币,而南宋钱却受冷遇,不容易卖出去,加上小军进价并不便宜,所以一直被套牢。

小军将它们挂在网上,眼看着自己的南宋"宝贝"们,依旧少有问津,心里很不是滋味。

作为一名工薪阶层,他负担不轻,家里各种开销,都等着花钱呢,钱币却没销路,这可如何是好?

有天早上,老天爷终于眷顾小军,他打开手机,惊喜发现:有人看上了他的南宋钱！

谈了几句，发现对方是个新手。很久没开张了，好不容易有生意，决不能让它溜走。

经过一番讨价还价，最终谈妥。共200余枚南宋折二钱，对方全都要。

终于做成一笔生意！小军喜不自禁，但他心里仍有个疙瘩，因为这些钱，有20多枚是裂的，还有几枚是后加色，要不要和买家说明呢？

如果不说，买家是个新手，或许发现不了这样的小瑕疵，但这岂不是违背自己诚信经营的原则？

如果告诉买家，他的钱币有暗裂，还有后加色。那很可能他不会买，自己这笔生意就又砸了，这岂不是画蛇添足？

小军纠结一番，最终，他还是鼓起勇气，告诉了对方。

没想到，对方不但没抱怨他，反而大方地买下了所有钱币，还称赞小军诚实可靠，以后还要买他的钱币。

小军大喜，他既卖出了钱币，又赢得了赞誉，可谓一举两得。

上面这则小故事，是众多泉友诚信经营的一个缩影。

二

正所谓：茫茫收藏圈，处处有奥妙。

投机取巧，利字当头，只会一时得逞；

诚信经营，不忘初心，才能笑到最后。

在如今的网商时代，更是如此。我们践行诚信，就是积累财富；缺失诚信，就是自取灭亡。

当然，大多数泉友都是讲信用、守底线的好公民，喜欢欺骗、忽悠人的毕竟是少数。

愿我们广大泉友，人人争做有诚信的钱币人，用靠谱的人品和过硬的泉货，使自己的钱币收藏与经营，蒸蒸日上。

玩钱币：是不务正业吗？

如今,随着钱币收藏的普及和推广,越来越多爱好者加入其中,成为泉友大军中的一员。然而,不少表面光鲜的泉友背后,却往往隐藏诸多心酸与痛苦,不为人所知。

一

"00后"泉友小叶是一名高中生,对收藏钱币甚是痴迷,每天放学回家,都要玩一会钱币过过瘾。

可是,高考日渐临近,母亲的唠叨、父亲的责骂总是不绝于耳:

"孩子,都什么时候了,还在不务正业,你不要前途了吗?"

"玩物丧志! 再不用心学习,把你的钱币全扔了!"

小叶胆战心惊,他迫于压力,不得不将自己的钱币雪藏。

但是,不管学业如何繁重,考试如何紧迫,他仍然会忍不住拿出宝贝钱币欣赏一下,或是偷偷看一下钱币书,关注一下网站限时拍。

结果,高考分数下来了,小叶没考上理想的大学。

"都是这些破钱币疙瘩,耽误了你成绩,影响了你前途!"父母抱怨道。

小叶很是委屈,又欲哭无泪。

难道这一切,真的是钱币的错吗?

二

"80后"泉友胜哥,泉龄已10年有余,他爱情事业两不误,几年前和心仪的另一半,顺利步入婚姻殿堂。

本以为结了婚，在妻子陪伴下，可以更潇洒地玩钱币。但事实告诉他：婚姻不仅是爱情的坟墓，也是钱币的坟墓。

首先，婚后的开销，让收藏钱币几乎成为不可能。结了婚，胜哥买这个，买那个，加上车贷、房贷、装修款等，形成了巨大的经济压力，他不光没闲钱，还负债累累，再也不敢像以前一样，毫无顾虑地买钱币了。

其次，玩钱币，逐渐沦为不务正业。自从有了家有了娃，要做的杂事一大堆，工作任务又十分繁重，时间和精力往往有限。实在没空闲时间静下心来，看书玩泉，品茶论道。

再者，妻子并不支持他玩钱币，觉得这些臭铜片子，又脏又丑；她追求唯美的欧式风情，向往"今天去西班牙，明天去意大利"的自由旅行。因此，胜哥必须为自己心爱的人做出一定牺牲。

胜哥是个泉痴，不愿卖掉心爱的藏品（图1），补贴家用。就这样，每天累成狗的他，开始怀念自己年少时，那些无忧无虑玩钱币的追梦时光。

可是，一切毕竟已成为过去。无限伤感的他，怀着怅然心情，写下

图1 钱币藏品一组

自己心底的呼喊：

哭泣的梦想

还记得，
20 多年前，
那些寂寞日子，
那时的我，才刚冒起胡须，
没有支付宝没有手机，
没有 24 小时 Wi-Fi 的家。

可我觉得一切没那么糟，
有着对收藏钱币的狂热，
虽只有两枚破康熙通宝，
仍抱着不切实际的幻想，
在河边，在工地，在乡下；
在路边摊，在废品站，在旧货店；
留下那些无人问津的汗水与足迹。

不务正业的讽刺，
嗤之以鼻的嘲笑，
我都全然不在意，
因为傻傻地相信，
自己有美好未来。

时间一眨眼，过去多少年，
曾经的小伙，熬成了大叔。
可是长大后，我并不快乐，
岁月给了我，更深的迷茫。
稀松了头发，挺起了肚腩，
没寻到珍品，反倒买了假。
生活的压力，我入不敷出，

累人的工作，已身心俱疲。
没人会在乎，我心中有梦，
那就让泪水，尽情地流吧！

如果有一天，我老无所依，
请把我留在，我的梦想里；

如果有一天，我悄然离去，
请把我埋在，我的钱币里。

玩钱币，真的是不务正业吗？或许很多泉友都有这样的困惑。理想与现实，究竟孰轻孰重？爱好与生活，如何找到平衡点？

对于这些问题，我们也许要用一生的时间去思考和探索，方能够找到答案。

玩钱币：还得靠自己

我们每位泉友,心中也许都有一个钱币梦,而实现这个梦,主要靠我们自己。

一

年轻泉友小文和某位老藏家,相识已久。

两人都痴迷于历代古泉,一有闲暇,便相互交流。从钱币品种到钱币真伪,从铸工到内涵,从历史背景到市场行情,无所不谈,可谓棋逢对手,相见恨晚。就这样,两人成为忘年交。

老藏家是位"50后",浸淫古泉已数十载,藏品自然甚丰,小文每次欣赏时,都惊叹不已,并心向往之。

平时,小文帮老藏家干些杂活,比如钱币拓片、信息标注、文稿打字等,老藏家很是感激。

老藏家人虽老,志却不衰,想举办个人钱币藏品展。这可忙坏了小文,他帮老藏家整理藏品、布置展厅、撰写简稿、联系商家、前期宣传等等,几天下来累得不成样子。

终于,钱币展顺利举行,并获得好评。

老藏家如愿以偿,他问小文:"你辛苦了,我想感谢一下,你有什么要求?"

小文本不求回报,既然老藏家这样问,便鼓起勇气说:

"您的有些钱币,比如齐大刀、乾封泉宝、建炎重宝、嘉定元宝折十(图1),天国圣宝等,都有重复,能否割爱惠让我一枚?"

没想到,老藏家竟满口答应,说:"这个没问题,不过,目前我正在编一本《××古泉图谱》，这些钱币配图要用，你别急，等过些日子我把书写完，就惠让给你。"

小文喜出望外，连声道谢。

就这样，他怀着无比期盼的心情，一天天等待着。

图1 嘉定元宝折十大钱

半个月过去，一个月过去，半年过去，一年过去，老藏家的书早已出版，而他对小文的许诺，却迟迟不再提起。

小文越来越纳闷，终于弱弱地问了一句："我说的那几枚钱币，怎么样了啊？"

"哦，忘记告诉你了，前些日子，我这些钱币，被某个富商打包，全买走了，他是市里××领导的朋友，所以……小文，不好意思咯。"老藏家轻描淡写地说。

小文一时语塞。

说罢，老藏家拿出几枚北宋普通钱币，想要搪塞小文。

而这些钱币，小文都有，根本看不上。

什么是残酷现实？什么是世态炎凉？此刻的小文，心里算是一清二楚。

几年交情和真心付出，先前那些信誓旦旦，早已付诸流水。

或许，买方出了高价，让老藏家无法拒绝。许多人，在承诺与利益两者之间，还是会选择后者。

"指望他人，终究会输。这也许是我人生必须要上的一堂课吧。"小文苦笑着，瞬间长大了。

二

小陶是个胖女生，大饼脸，爱零食，成绩平平，不爱运动，但她却有着一项爱好——玩钱币。

先秦时期各种布币（裤衩币），是小陶的最爱，那布币奇特的造型（图2），古朴的文字，轻盈的身姿，让她感觉如梦如幻。女孩玩钱币，本来就很具挑战性，更不用说玩那些古灵精怪、高深莫测的裤衩币了。所以大家觉得，小陶是个"奇葩"女生。

图 2 布币组图

小陶虽爱裤衩币，但毕竟是外行。正巧，学校的历史课老师不光学识渊博，而且是一位钱币收藏家。小陶十分钦佩，一直希望老师能收她为徒。

于是，她一次次恳求老师，本以为"近水楼台先得月"，老师肯定会先收她为徒，可事实却恰恰相反。

这位老师前前后后，收下好几个徒弟，就连外校、外地的也收了，却偏偏没看上她。

莫非老师有行规，传男不传女？

莫非老师嫌我胖、嫌我难看，给他丢面子？

莫非真的是我脑子笨，不适合玩钱币？

小陶又委屈，又沮丧，百思不得其解。

但不收就是不收，事实无法改变。

之后，她又曾找过钱币圈内另外几位老师，但同样遭到了拒绝。

面对挫折，小陶没有放弃，她不断自学，她相信靠自己，能改变人生。

转眼间，许多年逝去。

这天，一场钱币知识沙龙，在小陶母校隆重举行。

沙龙主题是"漫谈神秘的先秦方足布币"，主讲老师正是现任市博物馆研究员的小陶。

如今的小陶，既有颜值又有身材，还出版了著作《先秦方足布版

第三章

励志篇

225

式新鉴》，她靠自己的努力，完成了破茧成蝶的华丽转变，再也不是那个讨人嫌的"胖妞"了。

只见，小陶信步走上讲台，口若悬河，讲得大家如痴如醉。讲到兴起时，她信手拈来一叠裤衩币，像发扑克牌似的，一片片摆放整齐，供大家欣赏。大家顿时被造型奇特的裤衩币和这位奇女子的才情深深吸引，不能自拔。

沙龙活动十分成功，赢得全校师生赞誉。

"如此数量众多、品种丰富的裤衩币，如此精深独到的理论知识，这位年轻姑娘是如何做到的？"

在大家眼里，小陶简直就是一个谜。

然而一切谜底，只有小陶知晓：自己能有今天，是多年坚持和自律的结果，是一次次"买假吃药"，一次次不耻下问，一次次被冷眼嘲笑，一次次起早摸黑跑地皮、闯鬼市，一次次披星戴月自学理论、专研学术、埋头写作，一次次克服困难、战胜挫折所换来的。

如今的她，早已顿悟，人生中最好的贵人，不是别人，而是努力的自己。

钱币收藏梦，是广大泉友共同的梦；

梦在心中，也在脚下；

梦靠自己圆，才能实现！

玩钱币，靠自己，你会越来越出色；

玩钱币，靠自己，你的人生更精彩！

吐槽网拍钱币的那些事儿

如今,随着钱币收藏与经营的多元化、多样化、复杂化发展,网拍钱币,已成为一种大家司空见惯的方式。它具有新颖、便捷,高效等特点,受到广大泉友(特别是年轻人)的欢迎,不少泉友通过网络买到了心仪藏品。然而,网拍中也会发生一些啼笑皆非的事儿。

一、玩的就是心跳

"00后"泉友阿昆是一名小玩家,作为学生族,他无法染指大名誉品,只想买些小精品,聊以自慰。

前些天,他在某钱币拍卖网发现一枚张献忠大顺通宝(图1)背"户",正是心仪已久的,便下定决心要买下来。

阿昆兴致勃勃,一连出了好几次价,终于领先于其他竞争对手。

快到晚上8点结拍时间了,他仍是领先的出价人,心中不禁暗暗自喜。

图1 大顺通宝

很快,只剩下最后一分钟,眼看钱币就要属于自己,阿昆的心都快跳出嗓子眼了。

倒计时开始:10秒、5秒、3秒、2秒、1秒! 阿昆正要欢呼雀跃之时,却发现出价被超了!

"我去! 就这样? 快到手的钱币又飞走了。是真有人和我抢? 还是卖家故意操作?"

总之,阿昆又失落,又疑惑。此刻,价格已超过他的承受范围,自己

一直心心念念的大顺背"户"，终成一场梦。

二、怀疑人生的加价？

泉友大安是一位工薪阶层，对北周三品情有独钟，他已收藏了布泉和五行大布，只差永通万国（图2）了。

这次，他在某拍卖网看中一枚永通万国，字口正，锈色美，处处让人心动。

图 2 永通万国

大安早已准备了充足资金，此次志在必得。

他对网拍颇有经验，没有急着出价，一直静观其变，打算在最后，后发制人。

时间飞快，只剩几分钟就要结拍了，他开始发力，一次次不断加价，几乎不惜血本，很快价格已超过五位数。本以为能搞定，可没想到，那个卖家预设的价格，仿佛永远都无法超越！

原本信心满满的他，此刻，已如同泄气的皮球。

"永通万国，不可能完成的任务。"他叹着气说。

三、都是仙图惹的祸！

泉友云哥是咸丰当百大钱（图3）的"死忠粉"。

不久前，他在某钱币限时拍发现一枚黄亮咸丰苏百，品相好，状态佳，图片仙气飘飘的，看着十分诱人，关键是价格还特别香！

云哥非常心动，急忙出了价，很奇怪，竟然没被超，当晚，他顺利拍下这枚大咸丰。

窗外风清月朗，星光璀璨，他顿时感觉一切都是那么美好！

数天后，钱币到了。

怀着万分期待的心情，云哥拆开包裹，取出朝思暮想的宝贝。

一看，却大失所望。

这的确是一枚大咸丰，但色泽暗哑，品相欠佳，缺乏生气，有被洗过嫌疑，完全没有图上的风采，简直是判若两钱！

"原来，我看到的那张网图，只是一张仙图而已！网拍套路深，我

图 3 咸丰当百大钱

怀疑人生。"云哥无限感慨道。

　　以上是几位泉友吐槽的囧事,诚然,有更多的泉友网拍到了满意的钱币,成为受益者。

　　在"互联网+"时代,钱币网络经营是大势所趋,网拍钱币,有苦也有乐。随着网拍大军与日俱增和购买日趋常态化,那些让人不可思议的神操作,那些刻骨铭心的网拍事儿,或许将一直充实着我们人生的喜怒哀乐。

玩钱币：
不怕一无所有，最怕一无所长

最近，有个泉友向我抱怨，说不想玩钱币了，主要原因是"落差太大"，他自称辛苦玩钱币 10 多年，却成绩平平，入不敷出。而他认识一些入坑不久的"90 后"甚至"00 后"泉友，竟然都比他玩得好，玩得精。在这残酷现实面前，他的心态崩溃了。

目睹泉友的窘境，我很是同情，安慰一番后，问他："你玩钱币，有擅长的知识领域或收藏品种吗？"听了这个问题，他顿时呆愣住，一脸茫然，略带羞愧说："这个嘛，我好像没什么擅长的。"

于是，我找到了答案。

其实，我们玩钱币，比一无所有更糟的，是一无所长。

一无所有，并不是最可怕的状态。因为许多泉友玩钱币，往往都是白手起家，一枚枚地积攒藏品、学习知识，通过日积月累，才逐渐羽翼丰满、渐入佳境的。

当你一无所有的时候，虽处于低谷，但只要自己有能力，就会有收获。哪怕是获得一点小知识，或是一枚普通钱币，对你来说那也是进步，也会让你欣喜，玩泉之路充满前途与希冀。

但如果你是一无所长，那情况就不一样了。

因为玩钱币，是一门技术活。如果没有一定历史水平和货币常识；没有真伪鉴别能力和市场了解程度；没有主见、人云亦云的话；那么，你的收藏之路，就会很被动，容易处处被别人牵着鼻子走，甚至买假吃药，上当受骗。

久而久之，你当初那股可贵的玩泉热情与兴趣，也会随时光流逝，消失殆尽。你被年轻人追赶上，甚至取代，也是早晚的事。

那么,我们该如何做,才能摆脱困境呢?

第一:明确方向,扬长避短。

其实我们每个人,或多或少都会有些天赋,在玩钱币方面也是如此。

比如有些泉友眼力出众,他们往往能在一堆钱币中(图1)捡到漏,也能一眼就辨认出不同的版别品种。

图1 若干钱币藏品

有些泉友记忆力好,钱币纲目了然于胸,名誉品种倒背如流,收集起历代品种自然驾轻就熟,如有神助。

有些泉友精力旺盛,腿脚利索,他们跑南闯北,风雨无阻,哪里有筒子钱,哪里有原坑币,时常能说走就走。

有些泉友消息灵通,人脉广。经营起钱币,往往能买到便宜货,卖出满意价。

以上这些,都是泉友们的不同特色和可取之处。作为一名泉友,你要善于发现天赋,将自己的与众不同发挥出来。

当然,大多数泉友有自己的短板,比如知识面不足,货源渠道少,经济能力有限,等等。避免这些短板的最好方法,就是尽量发扬自己的长处,使短板不产生坏影响,从而真正做到扬长避短。

第二:不懈追求,精益求精。

当你确定好发展方向后,就要不懈努力。

比如:你确定要玩某个朝代、某个品种或是某个专题的钱币(图2),那就需要系统性地学习该领域知识,并勤于逛市场、跑地皮,进行

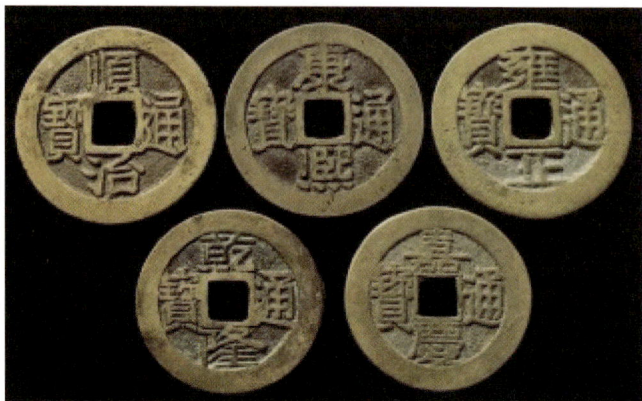

图 2 清代五帝钱

实战练习，然后将理论与实践相结合，才能达到比较理想的水准。

请记住，无论哪个领域、何种职业，做任何事，其实都是如此。想要脱颖而出，你就得沉下心来，年复一年，精益求精，做到极致。这是最笨的方法，也是最聪明的方法。

第三：专注不专一，技多不压身。

当今钱币收藏圈，知识更新快，信息渠道广，竞争可谓愈演愈烈，有时候，有一技之长，还是不够用。

正所谓"技多不压身"，你要对自己进行全面认知，在拥有一技之长的基础上，尽可能多学多练，争取拥有几技之长。这样，你的收藏之路和钱币人生，就会更加光明。

同时，你需要转变思维方式，做到与时俱进。当然，这说起来容易，做起来真的要付出大量努力才行。

广大泉友，无论是玩古钱、铜圆、银圆、纸币，还是纪念币，如果你拥有了一技之长，那么，你不仅不会被淘汰，还会被老天眷顾，被大家另眼相看，被岁月温柔相待。

既然如此，何乐而不为呢？

战疫情，我们让钱币飞一会儿吧

庚子新春，我们迎来一场新的考验。

新型冠状病毒肺炎疫情，波及全国，时刻威胁着我们的健康。

于是，战疫情，献爱心，保健康，成为我们广大泉友当前的首要任务。

一

在这非常时刻，泉友们纷纷响应国家号召，不逛市场，不参加聚会，不乱传信息，守小家保大家，万众一心，抗击疫情。

原本各地将举行的钱币交流会，已陆续延期。周末各大市场的钱币地摊，也已取消。让钱币自己飞一会儿吧，这对市场和经营，虽有一定影响，但一切都是值得的。

不光如此，为防控疫情，泉友们纷纷行动起来，献出自己的一份力量与爱心：

有的泉友，暂停了手头的网络钱币生意，主动将更多的快递机会，让给医疗物资、疫区生活物品等；

有的泉友，通过直播捐助口罩、防护衣等物品；

有的泉友，通过泉友会组织、捐助热线，腾讯公益等一些渠道，积极捐款；

还有些泉友组织了钱币义拍活动，将所得善款，无私捐助给疫区人民。

像以上这样的善举，可谓不计其数，因为我们知道：

哪怕只是 1 元钱，

哪怕只是一个口罩，

哪怕只是一句"加油"，

哪怕只是一个"我不添乱"的承诺，

都是一份力量！都是一种希冀！

二

近日来，很多泉友居家隔离，足不出户，却没有浪费光阴。他们翻开尘封已久的钱币书，趁此良机，抓紧时间给自己"充电"。

从《货币简史》到《货币战争》，从《古钱币鉴藏》到《三千年来谁铸币》等，每位泉友所看的书，涉猎面或许各有不同，但相同的是，大家通过阅读和学习，都受益匪浅，获得了新知识。比如：

（1）"白鹿皮币""白金三品"，是老谋深算汉武帝的一种敛财手段；

（2）乾元重宝，是我国历史上第一种以"重宝"为名的钱币，是唐代著名理财家第五琦铸造的。

（3）深刻影响世界历史发展的元朝纸币，竟然是一位俄国人最早发现的。

（4）饷金金币，是我国历史上唯一一种正式铸造并流通的金币（图1）。历朝历代，虽存在着其他各种类型的黄金制品，如汉代金饼（图2）、宋代金锭（图3）等，但严格来说，它们都不能算真正意义上的金币。

图1 饷金金币

图 2 汉代金饼

图 3 宋代金锭

（5）家喻户晓的"袁大头"银币，是来自意大利佛罗伦萨的雕模师鲁乔奇设计的。

学海无涯，开卷有益。无论你平时有多厉害，打开书，就会发现自己的无知；无论是大神还是专家，在浩瀚知识面前，都始终只是一个小学生。

三

新春特殊战疫时期，虽少了往日的年味与喧闹，但泉友们却过得并不无聊，大家一起"战疫情，献爱心，学知识，守亲情"，充分体现出自律、坚强、乐于奉献的可贵精神！

国泰民安，才能快乐收藏；身体健康，才能收藏快乐。

我们坚信，只要同心协力，共克艰难，就一定能赢得这场无硝烟的战疫的胜利！

待草长莺飞、春暖花开之时，我们再相聚，举杯同庆，补过一个快乐的春节。

你的钱币：拥有神颜吗？

如今，钱币的颜值变得越来越重要了。

通常，我们把具有神仙颜值的钱币藏品，称之为"神颜币"。

它们有的钱文秀美，有的铸工精湛，有的保存完整，有的色泽迷人，有的……

一枚神颜币，就如同一位大美女，许多泉友对它毫无抵抗力，往往沉醉其中，无法自拔，甚至抱着入睡，如痴如醉。

一

前两天，有一外地泉友称喜获至宝，邀我去共同欣赏。我一听心想：莫非是靖康小平？南宋钱牌？这是好事啊，便不辞路远，"打了鸡血"似的驱车大半天，终于赶到。

泉友见我来了，神秘兮兮地拿出钱币，原以为是什么大珍孤品，结果一看，不过是几枚王莽三大长寿钱之一的货布（图1）而已，实在让我失望。

泉友见我不屑，便说："你呀，可别小看这七枚钱，它们锈色都不一样，你瞧，朱红、爆蓝、墨绿、浅黑……这叫'七色布'，集齐一套非常困难，如此神仙颜值，绝对是潜力股！"

我听他叽歪半天，心想，既然来了，就拍个照留念吧。

图1 货布

不料，泉友竟然谢绝拍照，可见其珍爱程度。

此刻，我终于明白，有些钱币虽不是名誉品种，但由于品相出众，

也能受欢迎,这就好比一位姑娘,出身虽普通,但长得好看,照样有人追求。原来这就是品相派们眼中所谓"神颜钱币"的魅力啊。

二

泉友光仔,第一次迷上钱币是小时候看动画片《苦儿流浪记》,记得片中有个小男孩,每逢过节,父亲问他想要什么礼物,他不像其他孩子一样要玩具、蛋糕什么的,每次都只要银币,他爸爸对此颇为不解。后来,家中遇到灾难,多亏男孩多年坚持积攒的那些银币,才使全家渡过了难关。

片中,那一枚枚闪闪发光的银币,在光仔童年脑海中,留下了很深刻的印象。他便一直把钱币与童话,联系在了一起。

他认为童话有多美,钱币就有多美。

于是乎,他也学着动画片里的男生,开始玩起银圆,而且买的都是有"神颜"的。

什么龙洋、大头、孙中山银币,原光、炫彩、全龙鳞,不管价格有多离谱,全都通通拿下。

别人以为他买这么多,是要做生意,其实,他只是囤着玩儿,从来也不卖。好在他家底厚,一直只进不出,倒也玩得转。

每次,光仔看着那些"神颜"银圆(图2),他仿佛又回到儿时的

图 2 各类银圆

童话世界里，五光十色，乐在其中。

三

北宋崇宁通宝（图3）、大观通宝（图4），堪称是我国历史上艺术水准最高的钱币。宋徽宗亲笔书写的瘦金体之美，在这些钱币的方寸之间，展现得淋漓尽致，加上年深日久，钱币因氧化而呈现出一种特有的质感，将钱文衬托出立体的效果，看起来更加深峻，锋芒毕露，成为名副其实的"神颜钱币"。

图3 金色崇宁通宝

图4 大观通宝

前些日子，泉友阿灿就到手这样一批徽宗"神颜币"。它们的文字，如刀割般锋利；它们的锈色，如油画般鲜艳；它们的……总之是美得离谱，他越看越痴迷。

阿灿无法淡定了，拿去给泉友们欣赏，想显摆一下。

怎料，泉友们看后，认为这些"神颜币"实在太好看，有些美过头了，提醒他要慎重。

阿灿心里不爽,拿去一鉴定,原来这些宝贝,全都是"整容美女"。

这样的结果,让他的心一下子碎了。

其实,很多漂亮钱币,都是整过容的。

那些发烧友花高价买回去的"神颜币",往往有很大一部分,都是经过人为加工的,比如后上色、后加笔、后抛光、洗磨黄亮等技术手段,可谓层出不穷。

唉,可怜的有钱人啊。

当然,天生"神颜"、无须修整的钱币也是存在的,只不过数量很少。这与天生丽质的美女毕竟是少数,是一个道理。

韩国整容术,诞生了一批又一批"南韩女神",而钱币修整术,诞生了一枚又一枚"神颜钱币"。这是收藏市场商业化和藏品盈利化的必然结果,是大势所趋,无法避免。

也许是时代变了。

曾几何时,诞生了"颜值"一词,就连这个时代,也被称为"看脸"的时代。

潜移默化中,我们钱币收藏圈也受到影响,越来越多的泉友成为品相派。同时,颜值高的钱币,价格一飞冲天,颜值平平的钱币,通常无人问津。谁拥有了"神颜币"或"天颜币",谁就拥有了骄傲的资本和诱人的利润。

各位泉友,请问你们的钱币,拥有神颜吗?

玩钱币：美女也疯狂！

　　女泉友，是钱币收藏圈一道亮丽的风景线。她们人数虽不多，但往往既有颜值，又有才华，其魅力与杀伤力，实在非同小可。

　　现在，就让我们来感受一下她们的魅力吧！

一、她，不仅仅是漂亮

　　某个周末，我正在收藏品市场一位老藏家店铺里，与他瞎聊，消磨时间。

　　这时，门口闪现一个曼妙身影。

　　我俩一看，是位年轻女子，她打扮入时，颜值身材俱佳，气质更是优雅。她的大眼睛正盯着橱柜里的钱币，十分好奇。

　　老藏家见状，便来了劲。

　　说起这位老藏家，他别的都好，但有一个癖好，喜欢宰新手。

　　如今，一看这妹子是个新手，他便急忙对她招手："妹子好，快过来啊，这里有好钱。"

　　美女展眉一笑，走了过来。

　　老藏家打开一小布包。

　　美女一瞧，指着其中一枚，问道："老板，这枚什么价？"

　　"好眼力，乾封泉宝，这可是女皇帝武则天的钱币，老值钱呢！"

　　一旁的我，瞅了一眼这钱，火气比较重，不看好。

　　都说女人爱美，果然，她一看这钱币又干净，又漂亮，便爽快地说："我要了。"

　　接着，老藏家又拿出泰和重宝、得壹、顺天等古泉名誉品。

我一看,感觉不舒服,应该都不对,但又不便说破。

没想到,这位美女二话不说,全买下了。

老藏家赚了一笔,暗自高兴。

我心想:"唉,这老头一点不怜香惜玉,连美女都不放过。"

过了几天,美女又来光顾。

老藏家一见是她,两眼放光,很快取出更高级的"宝贝",有政和铁母、龙凤靖康、咸丰当千(图1)等。

当然咯,和上次一样,都是仿的。

美女嫣然一笑,又照单全收。

"这妞够爽快的,难道她是个不懂得拒绝的女子?"我深感疑惑。

"你瞧,这只小母鸟,真是嫩得流水了。"老藏家赚大发了,乐开了花。

图1 咸丰当千(仿品)

转眼已是年底,美女又来了。

这回巧了,老藏家刚到手一批花钱,苏炉、浙炉都有,大小各异,东西开门,进价不高。

"妹子,年底了,这批花钱,你要是喜欢,打折给你。"老藏家说。

美女向来不含糊,又全部买下。

不久后,我在年会上遇到了她,还是风姿绰约,还是笑意盈盈。

"哟,吴哥,真巧呀,又见面了。"她主动和我打招呼。

"嗯,你最近买的那些花钱,挺不错呢,比以前买的,要开门许多。"我试探着对她说。

"谢谢,其实我知道的,以前那些钱都不对。"

"什么!原来你知道啊,那为什么还买?"

"哈哈,你想想看,如果我不买那些仿品,后来的真品,他怎么肯卖给我呢?"

她的话,顿时让我醒悟:

在收藏圈混,买家(特别是新人)想获得心仪藏品,真的很不容易,往往要交学费、立口碑。

或许,老藏家的套路,美女早已心知肚明,她云淡风轻,泰然处之,而且到最后，她还是赚了。

这位美女泉友，她的心态，她的格局，她的淡定与从容，让我心生敬佩。

原来，她，不仅是长得漂亮那么简单。

二、好生猛的小姑娘

以前，我一直以为，去"鬼市"淘宝的人，应该都是男人。

可是，当我真正趟过鬼市，才发现，里面女人很多。

这不，晶晶就是其中一位女泉友。

晶晶最爱的是银圆，她一见到那些闪闪亮的龙洋、大头、外洋等就变得毫无抵抗力。

那天，她去"鬼市"，遇到摊贩链子哥。

链子哥见她是位小姑娘，便满脸堆笑，拿出一枚银圆给她看。

晶晶一瞧，这是枚中山船洋（图2），包浆五彩斑斓的，实在太诱人。她都看傻了。

图 2 孙中山像船洋

"200 元，怎么样？"他说。

"好便宜啊！"

"交个朋友嘛。"链子哥说话的时候，金色粗链子在脖子上晃动。

晶晶惊喜非常，立马买下。

翌日，她拿去一鉴定，果然是真品。

从此，晶晶时常去"鬼市"找链子哥，一连几次都有收获，对他更加信任了。

过了几天，晶晶又来淘宝。

这回，链子哥神秘兮兮地说："妹子，这次我带来了自己压箱底的货，你肯定喜欢。"

"真的吗？"晶晶憧憬万分。

"跟我来。"金链子说罢，带她穿过黑黝黝的小弄堂，来到一辆皮卡车旁，打开后备箱，拎出一只小麻袋，打开给她看。

晶晶用手电一照，完全惊呆了，里面全是一叠叠银圆（图3），从没有见过那么多！

图 3 银圆仿品（批量）

来不及一一过目，她心想："里面说不定有签字版和长须龙呢。"

这些袁大头、孙中山、大清宣三，如同一个个颜值逆天的美男子，那英俊的脸蛋、矫健的身材，早已让她如痴如醉。

"大哥，这些东西哪里来的？"晶晶好奇地问。

"哈哈，这些货，是当年我在建筑工地施工时发现的。"链子哥得意地娓娓道来，"记得那天，别人都回去了，只有我还在干活，一铲子下去，听到咔嚓一声。我很疑惑，急忙扒开泥土一看，是个罐子裂开了。伸进手去一摸，全是银圆。"链子哥一边说，一边两眼放光。

"莫非，这就是传说中的银圆窖藏？"晶晶暗自欣喜，认为这是千载难逢的机会，急忙全部买下，连声道谢。

晶晶以为捡了大漏，结果却中了链子哥圈套，经鉴定，这上百枚银圆全是仿品。她心痛不已，有苦难言，去找链子哥这种老江湖理论，他死不认账。

"鬼市"潜规则就是，愿买愿卖，概不负责。即使你"买了假，吃了药"，有理也没处说，只好认栽。

我本以为，晶晶吃了猛药，受了内伤，今后在"鬼市"里，再也见不到这位姑娘了。

可没想到，过了不久，她的身影，竟然又出现了。

依旧是轻盈的步履、如花的笑颜，对银币依旧那么执着，那么狂热。仿佛一切都未发生过一样。

哎，真是一位没心没肺的乐观女孩！

三、破茧成蝶的女泉友

单眼皮女生小芳，20岁出头，平时梳着短发，爱穿牛仔，在学校里，她喜欢运动，性格大大咧咧，像个男生。同学们一直把她当成"哥们"看待，却从不知道她还有个爱好——玩钱币。

小芳酷爱品相好、颜值高的钱币，比如王莽美泉、北周三品、徽宗御书、黄亮清钱、大头龙洋等品种，都是她梦寐以求的宝贝。

有次，小芳和我们淘完钱币，一起坐在运河边。她正把玩着一枚新买的道光大样美品，爱不释手。

我们问她："你收藏钱币的目的是什么？"

她想了一下，竟然说："我要用钱币，来召唤自己的白马王子。"这一奇葩想法，让我们无法理解。

这真是一个疯狂的女孩。

都说有理想的女孩，力量是无穷的。就这样，小芳通过省吃俭用，日积月累，逐渐积攒了不少钱币美品。她时常看着这些属于自己的"帅哥们"，洋洋得意。

时光荏苒，转眼毕业了，小芳的钱币真的显灵了，帮她召唤来一位男友，长得还挺帅。小芳带他来钱币市场见我们。

我们有较长一段时间没见她了，只见此时的她，已蓄起长发，笑容格外灿烂，眼里满是幸福。

我们这才发现，昔日的"假小子"小芳，原来那么美，那么有文艺范。一下子，都对她十分钦佩和羡慕。

以上故事，只是女泉友中的缩影，随着钱币市场的日益繁荣，越来越多女泉友加入其中。一时间，美女钱币收藏家、美女钱币销售主播、美女资深钱币鉴定师，层出不穷……

她们用自己的温情与细腻、坚定与执着，滋润着钱币圈，推动着市场发展。正因为有了她们，我们的泉坛才会如此精彩纷呈，五光十色。

十二星座泉友玩钱众生相

十二星座的泉友，性格各异，玩起钱币，当然也是千姿百态，各有各的不同。现在，就让我们来一睹为快。

一、白羊座，冲动买来冲动卖

白羊座泉友小杰，性格一向热情，冲动又豪爽，他玩钱币也是如此，想买就买，想卖就卖，从不含糊。记得数年前，小杰遇到一批"雍正"，说是通货，却是黄鱼（图1），品相也不错。当时卖家180元一枚通走，别人都嫌贵，但他却爽快，价也不还，迫不及待全都买下。过了不久，涨到200元了，朋友们劝他囤着，很可能还会再涨，但冲动的他，又忍不住，结果全卖掉了。不料，如今的价格，每一枚早已过600元，小杰只能后悔，感叹冲动是魔鬼啊，可又有什么办法，谁让他是白羊座呢？

图1 雍正通宝（黄亮）

二、金牛座，只囤不卖偷着乐

金牛座泉友大成，性子慢条斯理，玩钱币也很慢热，但他对钱币行情，却有很独到的见解，投资方向更是把握得十分精准。这不，他买进顺治，顺治涨了；买进周元，周元涨了；买进花钱，花钱涨了；买进太平天国（图2），太平天国涨了。简直是买什么钱币，就涨什么钱币，泉友们惊呼他是投资天才。奇怪的是，这位天才，一直只进不出，只买不

图2 天国太平圣宝

卖。结果钱币越囤越多，而慢性子的金牛，也不着急，他只是天天看着自己的钱币，越来越多，越来越贵，心里偷着乐。大家觉得他有利不图，有钱不赚，真是傻瓜。或许，大成心中有自己的谱，说不定在某天，他会狠狠抛售，猛赚一大笔，让我们全都羡慕。

三、双子座，不攒钱币攒人气

双子座泉友小翼，聪明机智，率性而为。玩钱币也喜欢追求新鲜感，但耐心不够，总是三分钟热度。比如他想集一套南宋纪年钱，凭着灵性，两三天就攒到十几个品种，泉友们惊叹他的才能，但他却很快觉得无聊，便放弃了，将钱币便宜卖了。他想集一套顺治背"一厘"钱，集到半数，便又没了新鲜感，很快惠让给朋友。

小翼虽说玩泉没取得什么大成果，却因大方惠让，结交了许多泉友，这也算是他的意外收获。毕竟在很多时候，攒钱币，不如攒朋友、攒人气，大家说对吗？

四、巨蟹座，母爱光辉照钱币

巨蟹座泉友慧慧，从小就充满爱心，玩钱币也是如此。她对钱币像自己的孩子一样百般呵护，简直把母爱发挥到了极致。每一枚藏品，慧慧都仔细研究，标注年代、品种、特征，然后选良辰吉日，分门别类，装订、入册，就像在给孩子们乔迁新居，十分有仪式感。每次卖出一枚钱币，她必须先拍照留念，再包装一番，那依依不舍的神情，就像嫁女儿

一般。她的钱币藏品，上至先秦，下至宋元明清，足足装帧了满满几十册，不愧为最执着、最有爱心星座的泉友。

五、狮子座，野心勃勃大神梦

狮子座泉友凯哥，事业心强。他玩钱币，一直有着宏伟的目标：三个月之内，必须集齐康熙二十局；半年之内，必须搞定咸丰宝福全套；一年之内，必须获得太平天国当百大钱；两年之内，必须攒全元末农民起义钱；三年必须办个人钱币展览，五年必须出书……这样的"必须"，还有许多个。总之，凯哥一心想通过自己努力，成为钱币界的大咖、大神。他期待那种高高在上，被仰慕、被崇拜的感觉。想来，能制订出如此宏伟蓝图和拥有如此野心的，恐怕非狮子座泉友莫属了。

六、处女座，追求完美真心累

处女座泉友斌斌，典型的完美主义者，对一枚钱币的要求近乎苛刻。既要品相好，又要色彩美；既要数量少，又要无瑕疵；还要价值不菲，评级分数高；等等，总之是挑剔了再挑剔。按照他这样的标准去挑选，上万枚钱币中，没几枚能够符合他的要求。但斌斌并不气馁，继续苦苦寻觅，因为在他看来，生活不能将就，完美钱币更不能将就，有目标才有进步。虽然，他很辛苦也很累，但精神可嘉，在此，我们还是多给他一些鼓励吧。

七、天秤座，我天生是颜值控

天秤座泉友翔子，是名副其实的颜值控，玩起钱币，当然也是出了名的"好色"。他对美品古泉，根本无法抗拒。比如他喜欢外型漂亮的钱币，空首布、齐大刀、鱼币、布币、桥梁币（图3）；他喜欢钱文书法漂亮的钱币，悬针篆、玉筋篆、瘦金体、行书、草

图3 桥梁币

那些年，那些钱 探索钱币收藏与经营的成功之路

248

书、隐起文；他喜欢不同坑口、不同美锈的钱币，西溪坑、祈福坑、五彩机油坑，薄绿锈、爆蓝锈、朱砂结晶锈，黑漆古、精白铜、传世大黄鱼，等等；他还喜欢金银币的光彩熠熠，纸币的色泽斑斓（图4）。这一切，让"外貌协会"的翔子眼花缭乱，但仍不过瘾，因为他的追求是"没有最美，只有更美"！

图 4 纸币一组

八、天蝎座，火力全开每一天

天蝎座泉友辉仔，玩泉精力特别旺盛，永不知疲倦。他研究钱币版别，时常挑灯夜战；撰写钱币文稿，往往彻夜不眠。他开钱币公众号，办论坛，做网商，搞微拍，玩直播，组织交流会，等等，每天总是忙得不可开交。他的理想很高远，一直信奉着"要么不做，要么就做最好"的人生信条。有人说他才华横溢，有人说他野心勃勃，孰是孰非，难以定论。那么他将来能否真正成为钱币界的领军人物呢？就让我们拭目以待。

九、射手座，天南地北寻泉忙

射手座泉友阿刚，崇尚自由，勇敢自信。玩起泉来，身上总有一股勇往直前的劲儿。周末赶早市，他从不睡懒觉。一听说哪儿有好钱，哪儿新出土，哪儿有鬼市，他立马就赶去：找过西溪坑，跑过大运河，去过报国寺，逛过潘家园。无论刮风下雨，不管有多困难，阿刚都敢于去实践，射手座的毅力和自信，实在难以击倒。

十、摩羯座，拼命三郎我怕谁

摩羯座泉友小凡，玩钱币很有耐心。他脚踏实地，又非常勤奋，为得到心仪的钱币，经常省吃俭用，异常刻苦。他曾为能够买到一把金错刀，吃了两个月泡饭。曾为集齐一整套南宋纪年钱，找遍数万枚古钱。也曾为淘到一枚篆书徐天启，发疯似的买下一百多斤洪武窖藏。更难能可贵的是，他还特别有责任感，非常乐于帮助泉友，传道授业，答疑解惑，几乎有求必应。

那么，小凡同学为什么如此热心，如此拼命呢？泉友们众说纷纭。或许，他早已领悟"如果玩泉不努力，我们所剩下的只有贫穷和衰老"这个道理吧。

十一、水瓶座，不玩热门玩冷门

水瓶座泉友小宗，性格特立独行，思想天马行空，他玩钱币也是不走寻常路。别人玩热门的北宋徽宗，他偏偏要玩冷门的辽钱；别人喜欢买猛涨的顺治雍正，他偏偏买萧条的乾道淳熙。大多数泉友喜欢玩中国古钱，因为行情好，他却偏偏钟情于日本、安南钱，如今已拥有上百种常平、数百枚宽永（图5），还逢人就津津乐道，也不管别人是否喜欢。不管曲高和寡，照样我行

图5 宽永通宝

我素，小宗沉浸在自己的小世界中，不亦乐乎。也许，他觉得行情会转变，自己迟早会有逆袭的那一天。真是一个古灵精的大水瓶！

十二、双鱼座，细腻玩泉出成绩

双鱼座泉友小佳，凭着天生的细腻敏感性格，玩起钱币来，总是善

于捕捉每一个细节。在他人眼里,平淡无奇的普品钱币,她也照样玩得风生水起。比如,她玩开元背星、月纹,顺点淳熙,清钱小版,等等,时常会有新发现,逐渐玩出了自己的一片小天地。

　　以上这些,只是十二星座泉友玩钱币的一个缩影,大家不必对号入座。相信在生活中,一定还会有更多精彩纷呈的泉友故事,不妨让我们一起去发掘和品味。

励志篇

玩钱人的三大最高境界

这些天，受疫情影响，笔者出去得少了。闲着无事，便在网上和泉友们聊天。没想到，不聊不知道，一聊才发现：我们大多数的玩钱人，不但有思想，有情怀，还很有自己的追求！

比如有的泉友，追求钱币藏品完美的品相，顶级的状态；

有的泉友，追求拥有名誉的藏品、稀世的大珍；

有的泉友，追求泉品的热卖，不菲的收入；

有的泉友，追求专项藏品的登峰造极，成为大神；

有的泉友，追求著作的畅销，泉坛的风光……

真可谓，梦想各有不同，人生姿态万千。

但笔者认为，你有多大的追求，就必须要有对等的境界。你追求越大，对境界的要求也越高。

其实，从某个角度来看，我们玩泉人追求的三大最高境界无非就是：实现精神自由；实现财务自由；实现时间自由！

一、精神自由

精神自由，指的是拥有属于自己的内心世界，不受他人干扰，不被外事外物左右。做到尊崇本心，活出自我。

现实生活中，大部分人都缺少精神生活。

作为泉友，我们有着自己的爱好和追求，其精神世界或许要比许多人丰富充实，这当然是好事。

因为玩钱币，说白了，是追求一种内心的丰盈满足、一种心境的怡然自得，属于精神层面上的享受。

但泉友也是人,是人就有七情六欲,情绪难免会有低落、沮丧、抑郁、悲观之时。浮躁的社会、快节奏的生活、工作的压力等,都时刻影响着我们心态。有时候, 我们会觉得玩钱币太累、太另类、太烧钱,影响工作和家庭生活,想要放弃。

所以说,要实现精神自由,十分不容易。

但无论多难,我们都要不懈努力,使自己内心世界不断完善提高,变得更美好。

只有这样,有朝一日,我们才能真正实现精神自由。

二、财务自由

实现这一点,对于我们泉友来说至关重要,但也是最难实现的。

历代钱币,品种极多,浩如烟海。

所以说,玩钱币,特别能烧钱。

随着近年来,钱币收藏热不断升温,泉友队伍迅速庞大,钱币资源日益稀缺,我们玩钱币变得更难,开销也更大了(图1)。

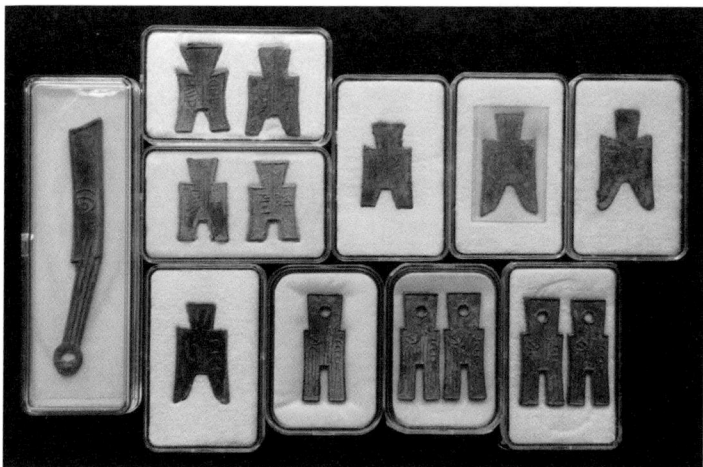

图1 刀币、布币

如今,捡漏已成为传说。众多泉友,为了买到心仪的藏品,只能不惜血本,花费大量真金白银去买钱币。

而他们中大多数都是工薪阶层,依靠工资买钱币,往往导致生活拮据,入不敷出,不禁让人唏嘘。

所谓财务自由，就是不用再为钱而烦恼。今天能买到的钱币，决不等到明天；自己能买到的藏品，决不留给别人。

财务自由的诱惑力实在太大，许多泉友都想实现它，但往往缺少实现它的强烈意愿、勇气、能力和具体行动。比如开源节流、以藏养藏、有效投资、理财规划等方法，不妨都去尝试一下。

笔者相信，不光是泉友，几乎世上每个人，应该都想实现财务自由吧？

尽管这条路十分艰难，但许多人一直在路上，从未放弃过。

也许，用尽我们一生的时间，也无法实现财务自由。

但只要有了这个追求，那就有了赚钱的动力，或许，通过一天天努力，我们真的会越来越接近这个终极目标。

三、时间自由

时间，我们每个人都有，看似都免费，都属于自己，但有时候你会发现，你的时间，根本不属于自己。

比如某位泉友，明明约好和朋友一起逛市场，突然领导一个电话，要他回公司开会。

又比如某位泉友，明明周末休息，要去赶交流会，但半路上接到通知，单位全体要加班。

这个时候，估计他们想死的心都有了。

现实生活中，这样的情况比比皆是，泉友们不免纷纷感慨：向往时间自由。

什么是时间自由？

对我们泉友来说，就是拥有支配自己时间的权利，比如：

哪里有一线地皮货，可以说走就走；

哪里举办交流会，能够立马赶到；

甚至可以天南海北，到处寻泉淘宝，交朋结友，不受时间限制，无拘无束。

这就是实现时间自由。

当然，这只是一种理想的状态。

现实往往是残酷的，想实现时间自由，并不容易，你必须要有一定经济基础。毕竟我们活着，谁都离不开钱。有了钱，你才可以选择性地工作，可以用钱换来自由的时间。没有钱，你为了生存，只能用时间来换钱。

然而，在如今"互联网+"时代，想实现时间自由，也并非不可能。

比如，越来越多泉友，辞去公职，选择了自由职业，不再拿死工资，不再听领导指挥。他们自力更生，开直播、玩网拍、做批量（图2、图3）、创平台、发网文，干得风风火火，成为时间的主人。

在此，笔者祝愿他们能早日真正实现时间自由。

图2 各类袁大头银币

以上就是我们玩钱人的三个最高境界：精神自由，财务自由和时间自由。它们息息相关，相辅相成，还有个共同点，那就是"自由"。

正所谓："生命诚可贵，爱情价更高；若为自由故，两者皆可抛。"各位泉友，如果朝着这三个境界去努力，你会发现，自己想要

图3 王莽货布

的一切，都会慢慢实现；所有的美好，也都会与你不期而遇。其实，不光是玩钱人，这又何尝不是我们所有人的人生最高境界呢？

当然，即使你达不到这三种境界，那也没关系，只要有好的心态，自然会有不俗的境界。就像笔者一样，不是大神，也非权威，充其量是一只泉坛"老鸟"而已，在茶余饭后，闲暇之时，一杯茶、一本书、一枚泉，笑看世间风云，品味岁月静好，也不啻为一种人生享受！

后记：祖孙三代的藏泉情怀

20 世纪 70 年代末，我出生于杭州一个古泉收藏世家。多年以来，爷爷、父亲、叔叔和我，祖孙三代坚持传承古泉收藏，弘扬钱币文化，孜孜不倦。

我爷爷吴心一和父亲吴以光职业都是医生，叔叔吴以诚是工程师，他们工作虽不同，却有着一项共同爱好——研习历史和收藏古钱币。在业余时间，他们通过努力，已集藏上至先秦、下至宋元明清的历代古钱品种，以及一些铜圆、银圆、纸币等，并结识了当时一些钱币收藏界人物。

记得还在上小学时，爷爷就发现我也如此喜爱收藏钱币，他十分赞赏，亲自传授给我一些历史与钱币知识。

时值 20 世纪八九十年代，随着改革开放的深入，故乡杭州正经历着一场大变化。旧城改造、大运河治理、西湖疏浚等一系列工程，都在紧张进行中。从城墙下、运河里、西湖中发现许多历代古物件，如瓷片、铜器，杂件、古钱币（图 1）等，其数量巨大，种类繁多，堪称杭州有史以来之最。

那时的杭州城，生活节奏慢，车辆不堵人又少，爷爷常带我去老城墙、运河边、工地上玩，我们总会见到一些民工摆着地摊在卖古钱，有的是旧城改造出土的，有的是从河里或湖里打捞上来的。

为了支持孙子爱好，爷爷不顾一切，将自己养老看病的积蓄，用来给我买钱币。于是，我很快买到一些家中尚未收藏的古钱品种，那时的兴奋与激动，简直无法形容。

可没想到，后来爷爷得病，不久便去世。爷爷的离去，让我很伤心，

图 1 古钱币

并一直很感激与怀念他。

爷爷去世后,父亲、母亲和叔叔也十分支持我玩钱币。为了给我买一本《简明古钱辞典》,父母曾跑遍杭城所有书店;为了让我能认识某位知名老藏家,他们曾冒着刮风下雨,几次带我登门拜访;叔叔听闻某地有钱币新发现,曾带我坐火车,日夜兼程赶往。这些感人镜头,一直深藏我心底,至今记忆犹新。(图 2)

时光一眨眼,数十年逝去,如今,长辈们都已是耄耋老人了。但正所谓:老骥伏枥,壮心不已。他们仍然对传承弘扬钱币文化矢志不渝,平时坚持研读古泉书籍,整理钱币藏品,帮助泉友们鉴定真伪,传授技巧与知识;只要身体吃得消,就陪我走市场、逛地摊、参加钱币交流会;一直用行动来践行着对钱币收藏无法割舍的情怀与热爱;同时,他们目睹当今钱币收藏界欣欣向荣之景象,心中也甚感欣慰。

钱币收藏,历史悠久,最早可以追溯到魏晋南北朝时期,距今已近2000 年。清代至 20 世纪末,又先后经历了四次钱币收藏热潮期。进入21 世纪,钱币收藏品市场始终处于强势发展状态,无论是古钱币、铜圆、银圆,还是纸币、纪念币等品种,都扬起强劲的上涨行情。同时,支

图 2 作者与家人的合影

付宝、微信等其他支付手段的广泛使用，让更多钱币退出流通领域，成为收藏品。可以说，我们如今已进入第五次钱币收藏热潮期，而且，此次的规模与资本效应，都是史无前例的。

那些年，那些钱；那些人，那些梦。钱币藏品的延续，收藏文化的传播，要靠我们钱币人薪火相传的努力才能够实现。

虽无大珍泉品，也非藏泉名家，但"钱币收藏，世代传承"，一直是我们全家人的理想与信念，希望长辈们有生之年，能目睹钱币界更大的发展与进步，更多的成果与辉煌。

感谢新时代！

吴宗键

2020 年 4 月